主題音樂活動設計

劉斐如・施孟琪
合　著

詹小惠
繪

作者簡介：

劉 斐如

學歷：

台灣東吳大學音樂學士

德國柏林國立藝術學院音樂系音樂教育碩士

經歷：

現任　中國主日學協會音樂教師培訓講師

曾任　亞洲大學通識教育中心、幼教系專任助理教授

　　　台灣奧福教育協會理事長

　　　台北縣及人小學音樂教師

　　　台中市道禾兒童教育學校音樂教師

　　　台中喜信聖經學院音樂系兼任講師

　　　台南女子技術學院音樂系、幼教系兼任講師

　　　幼稚園教師研習講師

作者簡介：

施 孟琪

學歷：

台灣輔仁大學音樂學士

美國德州休士頓州立大學音樂系音樂教育碩士

經歷：

現任　朝陽科技大學幼兒保育系副教授

　　　台中教育大學幼兒教育學系兼任教師

曾任　大陸摩都娛購公園「兒童音樂劇場」導演與編劇

　　　天海郵輪「寶寶巴士奇妙劇場」導演與編劇

　　　香港德貞幼兒園、葳格、道禾、種籽幼兒園音樂教師

　　　香港天主教教區 17 所幼稚園師資培訓音樂教師

　　　台灣奧福教育協會理事第 11 ～ 13 屆理事

　　　台灣嬰幼兒教保學會第 6 屆理事長

　　　弘光技術學院幼兒保育系兼任講師

　　　員林國小音樂班教師

繪者簡介：

詹 小惠

學歷：

台中明道中學美工科畢業

台中朝陽科技大學視覺傳達學系畢業

經歷：

甲上廣告公司　設計助理

政伸實業有限公司　美工人員

商瑪廣告公司　平面設計師

陳序：（陳惠齡老師）

為斐如、孟琪寫序

　　孟琪打電話來興奮的說：“惠齡老師，我們要出書了！”，言語中充滿無限的喜悅，我也很快的感受到那一份熱情與期待。

　　第一次看到兩位美女時是在中華奧福教育協會主辦的活動，斐如和孟琪來找我，並且提出一些問題與我討論，非常誠懇，感覺出她們是十分盡責的老師；之後又陸陸續續碰過幾次面，都是在教師研習的場合，即使大家都忙於學習，未能深談，個人卻很肯定他們的精神。雖然他們已經在大學中有豐富的任教經驗，卻仍然持續努力進修，並且投入於每一個活動中。現在她們要將多年來辛勤的成果呈現在大家的眼前，我們都感到很高興。

　　仔細看過她們的作品，運用故事發展成主題的活動，包含音樂、視覺藝術與戲劇，正是符合最近流行的九年一貫教學課程中藝術與人文的要求，在整個安排中井然有序，不難發現其中的巧思與作者的用心和貼心，相信可以給對這方面有興趣的老師們做參考！

　　最後希望大家都能多多發揮創意，從我們周遭垂手可得的東西取材，以引導取代填鴨式教學，給小朋友一個更寬廣的空間去摸索、去思考、去創造，這樣我們才能培育出更優良的未來主人翁！

陳惠齡　90.8.13

　　陳惠齡老師以桂冠音樂教育獎第一獎畢業於比利時音樂教育學院，曾經擔任奧福協會第一屆理事長，目前任教於清華大學、台北市立師範學院、國立台北師範學院、新竹師範學院…等學校。著作有：成長中小豆芽、小豆芽的成長、奧福教學法—兒童音樂第一、二冊增訂版…等。

作者劉序：

自序：劉斐如

在學校裏指導學生做音樂實習教學時，發現她們最常有的問題是不知如何設計教案。由於我同時也在幼稚園教音樂，所以能與她們分享許多教學的經驗。其實，這也是我一直希望能在幼稚園裡教小朋友的原因，於是學生們的需要引起了我寫作這本書的動機。與施老師因著在同一所幼稚園裡教學而相識，由於她也同樣在大學裡任教，所以我們有許多相同的想法。於是在兩年前我們開始著手整理教案並計劃出書。這本書是以教案書的方式呈現，無非是希望提供音樂系或幼教系的學生們或是剛開始教音樂的老師們一些教學的參考。當然也希望教學經驗豐富的音樂老師們亦能從其中得到一些靈感並將其運用在自己的教學上。

沒有一個孩子不愛聽故事的，所以在這本書的每個單元一開始幾乎都以故事作為情境引導，在課程的設計上則融合了音樂、美術、舞蹈與戲劇。因此，這本書並非以音樂的認知為主要目的，而是希望孩子們透過不同的藝術形式去經驗音樂並進而喜愛音樂，這正好符合九年一貫教學課程裡強調不分科的統整教育理念，同時也正是幼兒音樂教育的主要目的。團體遊戲也是每堂課中不可缺少的，希望透過團體遊戲培養幼兒與他人分工協調的能力。另外，老師應該善用孩子們的活潑好動與無限創意，並且靈活又彈性地使用這一本書。

在教學忙碌之餘，尚能為幼教音樂盡上微薄之力，於此書即將出版前，筆者心中充滿喜悅與感恩，感謝我的工作好夥伴─施孟琪老師，感謝人如其畫一般可愛的阿貓，感謝我親愛的家人給予我精神上的支持。最後，我也感謝我所教過的孩子們，你們的活力與創意是我教學的動力與靈感的來源。

劉斐如

謹識 民國九十年八月

作者施序：

自序：施孟琪

　　有一隻貪吃的小青蛙，偷喝了青蛙國王的汽水，國王發現了以後，就集合所有的小青蛙，讓他們一起唱歌，看哪隻小青蛙唱歌的時候會打嗝…音樂課可以是很有樂趣的，藉由歌唱、說白、音樂劇、韻律活動、肢體創意、敲打樂器、音樂欣賞等活動，小朋友就在音樂遊戲的參與中自然的學習發展，培養音樂性、節奏感，體驗音樂的基本概念，進而激發孩子的創造潛能。

　　我在大學裏教授幼兒音樂教育的相關課程，發現這群未來的幼教老師，對音樂課的概念多停留在部份幼稚園所採用的方式，亦即用放錄音帶和小朋友一起帶動唱，期末則給家長來一個 "機械式訓練" 的成果展，這樣 "扭曲" 的音樂課，不僅未能將音樂融入到日常的生活當中，也抹煞了小朋友對音樂的興趣。即使部分有心的幼教老師，亦因為國內此方面的教案資料較缺乏，而難以落實寓教於樂的理念。

　　本書所整理的十五篇音樂教案，是我與斐如老師多年在幼稚園的實務經驗，經過反覆檢討與修正而成的，內容力求淺顯實用，希望藉由此書，提供幼教及音樂老師更多的資料，能夠帶領著小朋友從音樂遊戲中領略與學習，並與孩子一起享受音樂的樂趣。

　　本書的完成，要特別感謝詹小惠為我們所設計的插畫，每一篇都是那麼的可愛與精彩，使本書更加活潑與豐富；也要謝謝施福珍老師、紀華冠老師的歌曲提供，與為我們寫序的陳惠齡老師，以及所有一直鼓勵我們的前輩與親友們。最後將這本書獻給在音樂教育上一直支持我的父親—施福珍老師。

施孟琪

謹識　民國九十年八月

本書提供圖檔做為教師製作教具之用
請於心理出版社網站「下載區」下載
https://www.psy.com.tw
解壓縮密碼：9789577021234

♪ 目 錄 ♪

🎵 導　讀 🎵

一. 本書寫作目的

　　本書的課程設計是融合三大音樂教育家—達可羅士、卡爾·奧福、高大宜的教學理念與精神，並結合作者多年的教學經驗所編寫的。希望讓孩子們透過歌唱、律動、樂器敲奏、音樂欣賞，以輕鬆活潑的方式來感受音樂並進而喜愛音樂。本書以教案書的方式呈現，主要是希望提供幼教老師或音樂老師，特別是正要開始從事幼兒音樂教學的老師們作教學的參考。我們所做的不過是拋磚引玉的事，期盼有更多的有心人和我們一同耕耘這一片幼兒音樂園地，好讓更多的孩子們喜愛音樂、享受音樂。

二. 單元主題架構說明

　　本書包含十五個單元，採用主題教學法，即活動內容依循主題開展而設計。在每一個單元的開始即列出教學目標、教學提示〈教學注意事項〉以及教學資源。每一個單元包含五項活動，教師可依教學時間長短或幼兒年齡做增減。

　　部分單元附有美勞的補充教材，老師可視需要於課前或課後做。部分單元提供的補充歌曲，老師也可以自行選擇使用。

三. 本書使用說明

　　1. **教學對象**：以學前幼兒4～6歲為主，對於更幼小或更大的孩子，老師可將難易度稍作調整。

　　2. **幼兒人數**：12～20人為佳

3 · **課程時間分配**：每單元教學時間約45~50分鐘，每項活動應不超過10分鐘。老師可視實際狀況增減時間，甚至有些課程可分數堂課完成，例如：主題六：老鼠娶新娘。

4 · **符號標示說明**： —補充說明

—CD曲目

補充教材—補充教材

—只適合大班小朋友，沒有標示★的則不拘年齡大小。

5 · **樂器介紹**：所列出的樂器均為本書課程活動中所經常使用的樂器，建議每一樣樂器都有數個。

6 · **課程內容一覽表**：提供老師快速瀏覽每個單元所包含的活動項目。

7 · **譜例**：列於歌曲或說白節奏活動內容之後。

8 · **附譜**：列於音樂欣賞或音樂律動內容之後，並提供老師於課前聆聽比對之用。為方便老師找出樂曲旋律，所有譜例儘量轉成簡單的調並同時寫上簡譜。

♪ 課 程 內 容 一 覽 表 ♪

音 樂 教 案 書

單元 ＼ 活動	故事	歌唱	說白（節奏）	肢體	戲劇	樂器	音律動	音樂欣賞	創作即興	美勞
一. 青蛙愛自誇	♪	♪		♪		♪	♪			♪
二. 好餓的毛毛蟲	♪	♪	♪	♪		♪		♪	♪	
三. 美麗的蜘蛛網	♪	♪		♪		♪	♪			
四. 愛打鼓的貓	♪	♪		♪		♪	♪		♪	♪
五. 狗兒家庭	♪	♪	♪			♪			♪	
六. 老鼠娶新娘	♪	♪	♪		♪	♪				
七. 三隻小豬	♪	♪	♪	♪	♪	♪			♪	
八. 小黑魚	♪	♪	♪	♪	♪			♪	♪	♪
九. 老鷹捉小雞		♪	♪		♪	♪				
十. 咕咕鳥		♪		♪		♪		♪	♪	
十一. 袋鼠母子	♪		♪	♪	♪	♪		♪		♪
十二. 愛跳舞的熊	♪	♪	♪	♪		♪			♪	
十三. 兔子想搬家	♪		♪	♪		♪	♪		♪	♪
十四. 獅子與小鳥	♪	♪	♪	♪		♪		♪		♪
十五. 布萊梅的音樂家	♪	♪				♪	♪			♪

樂 器 介 紹

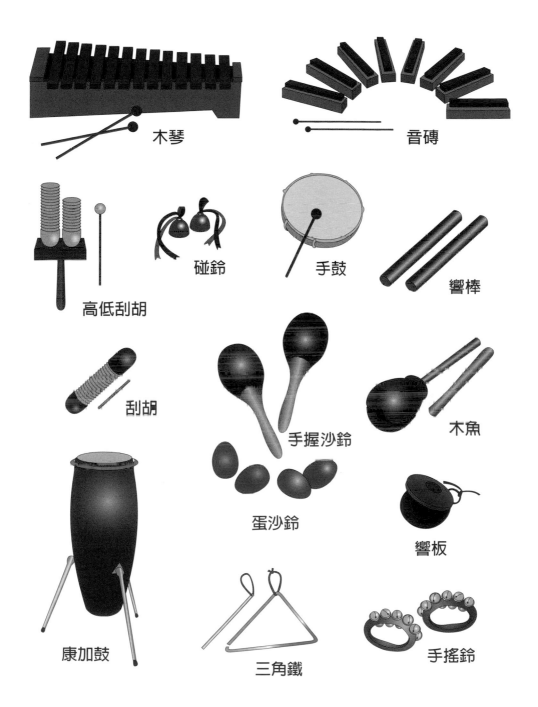

木琴

音磚

高低刮胡

碰鈴

手鼓

響棒

刮胡

手握沙鈴

木魚

康加鼓

蛋沙鈴

響板

三角鐵

手搖鈴

青蛙愛自誇

教學目標

♪ 利用模仿青蛙的動作來練習大肌肉的伸展與協調。

♪ 透過聽覺遊戲來分辨五度音階的上下行。

♪ 藉由本單元的歌曲，用肢體表現出節奏與音樂的力度變化。

♪ 透過樂器的分組培養輪奏的能力。

教學提示

　　本單元是根據青蛙的叫聲、動作和外形特徵而設計的課程。教師亦可向小朋友解釋蝌蚪變青蛙的成長過程，如果加上圖片的展示會更好。另外，本單元的教學重點是感受"漸強"的力度變化，所以教師在指導小朋友做肢體律動、歌唱和樂器合奏的活動時，要鼓勵小朋友儘量把"漸強"做出來，老師自己也必須能夠清楚地示範出來。

教學資源

CD：法國兒歌與圓舞曲（一）、呼拉圈、木琴、手鼓、手搖鈴、響板、故事圖片（青蛙媽媽、小青蛙、大牛）汽球。

主題發展

1.蝌蚪變青蛙　　　4.我把肚子變大了
★2.會看天氣的青蛙　5.小青蛙大合奏
3.愛自誇的青蛙

1. **蝌蚪變青蛙**

　　—老師先請小朋友猜猜看，哪一種動物小時候有尾巴，
　　會在水裡游；長大後尾巴不見了，他不但會在水裡
　　游，也會在地上跳？然後請小朋友模仿蝌蚪游泳和青
　　蛙跳。

 音樂：法國兒歌與圓舞曲（一）—小丑之舞（上揚
　　　　有聲出版有限公司）。
　　樂曲分析：ＡＢ二段式。Ａ段中板，重覆四次；Ｂ段快
　　　　板，重覆兩次；ＡＢ段共重覆兩次（參考譜
　　　　例）。

 老師也可以用類似的二段曲式樂曲取代之。

　　—老師一邊播放音樂一邊問小朋友，哪一段音樂聽起來
　　像青蛙？哪一段音樂像蝌蚪？
　　—聽到Ａ段音樂時，小朋友隨著旋律的重音做出青蛙跳
　　躍的動作。
　　—聽到Ｂ段音樂時，小朋友可將手當成蝌蚪的尾巴，自
　　由地游來游去。

附譜：小丑之舞

曲：Carl Orff

A段

B段

★2. 會看天氣的青蛙

－引導：一群池塘裏的青蛙，喜歡游泳也喜歡在荷葉上
跳來跳去；當太陽出來時，他們跳到荷葉上伸懶腰曬
太陽；當下雨時，他們就趕快跳進池塘裏躲起來…。

－老師發給每人一個呼拉圈（代表荷葉）。當老師搖手搖
鈴時，代表青蛙在游泳；敲手鼓時，代表青蛙在荷葉
上跳。小朋友聽到老師敲奏不同的樂器聲，就要做不
同的肢體反應。

－老師敲木琴–CDEFG

代表太陽出來，小朋友就跳到〝荷葉〞上伸懶腰；

老師敲木琴–GFEDC

代表下雨了，小朋友就跳出〝荷葉〞並躲起來。

木琴的部份也可用其他樂器取代,例如用三角鐵代表太陽,沙鈴代表下雨。

3. 愛自誇的青蛙

一故事引導:

有一隻青蛙媽媽和她的寶寶住在井裏面,小青蛙一天天地長大,青蛙媽媽希望他到外面的世界去看一看。小青蛙高興地跳出井底,走著走著,忽然看到一隻大牛,大牛對著他"哞"了一聲,嚇得小青蛙拔腿就跑。回到家,小青蛙告訴媽媽,他看到一隻肚子比媽媽還要大的怪物。媽媽不相信,鼓起自己的肚皮說:"我的才是最大的!"青蛙媽媽的肚子愈鼓愈大,愈鼓愈大‧‧‧最後竟然破掉了!

 老師在描述故事時,可將青蛙媽媽的圖片在肚子的地方挖洞,將汽球放於此洞,邊吹汽球邊說故事,讓小朋友看見青蛙媽媽肚子愈來愈大的樣子(參考圖示)。

圖示:

4. 我把肚子變大了

—小朋友圍圈代表青蛙的肚子，由最小的圈開始，老師
　即興用鼓敲出漸強或漸弱的聲音，小朋友則配合鼓
　聲，把圈圈擴大或縮小，當老師敲最後一個強音時表
　示青蛙的肚子破掉了，小朋友就要坐倒在地上。

—老師先教唱 "自誇的青蛙"（參考譜例）。歌曲唱熟之
　後，老師可配上簡單的肢體動作，當小朋友唱到 "呱呱"
　時，可拍手或拍打自己的肚子。

—全體配合歌唱，小朋友把圈當成青蛙的肚子，只有唱
　到 "呱呱" 時，歌聲和圈圈要愈來愈大，最後唱到 "碰"
　時，小朋友要坐倒在地上。

譜例：自誇的青蛙

詞曲：佚名

5. **小青蛙大合奏**

—小朋友將歌曲唱熟後，可加入樂器伴奏。

—把小朋友分成響板、手鼓兩組。每當唱到 "呱呱" 時，響板組要敲出和 "呱呱" 一樣的節奏，當唱到 "碰！肚子破掉了" 時，手鼓組的小朋友要敲出和歌詞相同的節奏。

補充教材

1. **自製青蛙鼓**

材料：汽球、彩色西卡紙、膠布。

作法：老師發給每人一個吹好的汽球及西卡紙，請小朋友裝飾青蛙鼓。

延伸活動：全體小朋友一起唱 "自誇的青蛙" ，當唱到 "呱呱" 時，小朋友要在汽球面上敲出 "呱呱" 的節奏。

2.台灣童謠：田蛤仔

詞曲：施福珍

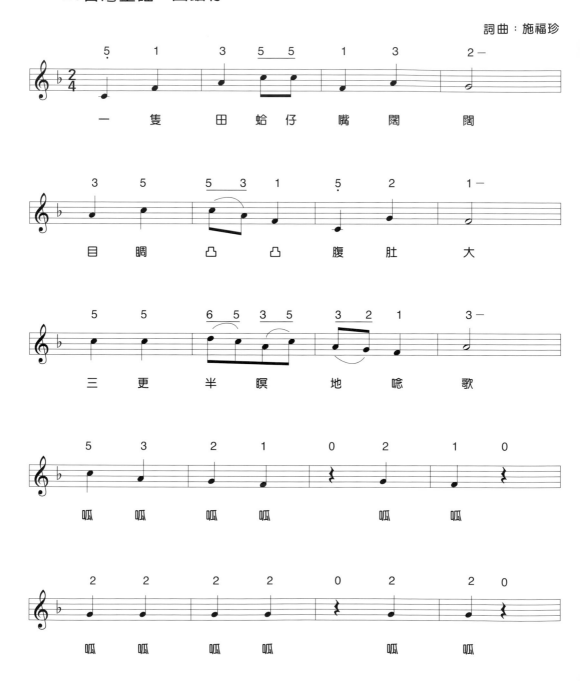

一隻　田蛤仔　嘴闊　闊

目睭　凸　凸　腹肚　大

三　更　半暝　地　唸　歌

呱　呱　呱　呱　呱　呱

呱　呱　呱　呱　呱　呱

青蛙愛自誇

呱　呱　　呱　呱　　　　呱　　呱

呱　　　呱　　呱　呱　　呱

咕嚕哇　　咕嚕哇　　　呱　　呱

好餓的毛毛蟲

教學目標

♪ 藉由故事內容的問答學習歌曲輪唱。

♪ 透過模仿毛毛蟲和蝴蝶的外形，讓孩子學習與人分工協調的能力。

♪ 配合歌曲的歌詞做肢體的伸展。

♪ 利用說白節奏學習樂器輪奏。

♪ 藉由聆聽樂曲中不同的段落，以感受二段式的樂曲型式。

♪ 透過即興的戲劇活動，鼓勵小朋友運用想像力，把所聽到的音樂用肢體表現出來。

教學提示

　　本單元是以"好餓的毛毛蟲"這本故事書，所發展出毛毛蟲造型、毛毛蟲吃東西、毛毛蟲蛻變成蝴蝶…等的課程。小朋友可以藉由"超級毛毛蟲變蝴蝶"的團體造型活動，發揮合作的精神；也可透過說白節奏做出不同的樂器音效。至於最後音樂欣賞的部分，老師應在課前仔細聆聽，將樂曲的段落分辨清楚，使活動進行得更為順暢。

教學資源

　　"好餓的毛毛蟲"故事書、毛毛蟲及蝴蝶偶（或圖片）、絲巾、呼拉圈、大布、小球、CD：柴可夫斯基－胡桃鉗、刮胡、三角鐵。

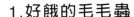

主題發展

1.好餓的毛毛蟲　　　　4.毛毛蟲與蝴蝶

2.愛吃的毛毛蟲　　　　5.蝴蝶飛舞

★3.超級毛毛蟲變蝴蝶

1. 好餓的毛毛蟲

─故事引導：請參考"好餓的毛毛蟲"（上誼出版社）。
一隻剛從蛋裡躦出來的毛毛蟲，好餓好餓喔！星期一
他吃了一個蘋果，星期二他吃了兩個梨子，星期三他
吃了三個李子，直到星期日，他吃得實在太多了，於
是只吃了一片葉子，然後他把自己關在自己蓋的房子
裡─"繭"中，過了幾天，毛毛蟲變成了一隻翩翩起
舞的美麗蝴蝶了！

2. 愛吃的毛毛蟲

─老師用歌唱的方式，重覆說故事（參考譜例 ①）。

譜例 ①：愛吃的毛毛蟲

編曲：施孟琪

星期一　星期一　　吃了一個蘋　果　毛毛蟲 毛毛蟲　愈 來 愈 胖了

星期二　星期二　　吃了兩個梨　子　毛毛蟲 毛毛蟲　愈 來 愈 胖了

星期三　星期三　　吃了三個李　子　毛毛蟲 毛毛蟲　愈 來 愈 胖了

以此類推，一直唱到星期日

（接下一頁）

星期六 星期六　　吃了一塊蛋 糕
　　　　　　　　　吃了一個 冰淇淋
　　　　　　　　　吃了一條 小黃瓜
　　　　　　　　　吃了一片 西 瓜
　　　　　　　　　⋮

　　　　　　　　　　　毛毛蟲 毛毛蟲　 愈 來 愈 胖 了

（經同意引自上誼出版社，艾瑞‧卡爾著，鄭明進譯之＂好餓的毛毛蟲＂）

　　　─藉由書中毛毛蟲所吃的食物，請小朋友一邊看書一邊唱歌。
　　　─老師和小朋友用問答的方式做歌曲輪唱（參考譜例 ②）。

　　　譜例 ②：

老師問唱

　　　星　期　一　星　期　一　　　毛　蟲　吃　了　什　麼？

小朋友答唱

　　　毛　毛　蟲　毛　毛　蟲　　　吃　了　一　個　蘋　果

—毛毛蟲還是有點餓，請小朋友想想看，還有什麼東西可以吃？老師可鼓勵小朋友單獨做即興 "答唱" 的部分；其他小朋友則齊唱 "問唱" 的部分。

—小朋友圍坐，一邊唱歌一邊依序傳遞小球或其他物品以代表毛毛蟲所吃下的東西。

★3. **超級毛毛蟲變蝴蝶**

—老師請小朋友說出毛毛蟲如何蛻變成蝴蝶的過程。

—老師用圖片或布偶引導小朋友，如何用肢體集體創作成一隻毛毛蟲及蝴蝶？例如蝴蝶的造型，可將小朋友分組，分別擔任觸角、身體、翅膀…等不同的部位（可參考造型隊伍）。老師可參考小朋友所提供的意見。

造型隊伍：

毛毛蟲　　　　　　　**蝴蝶**

—小朋友分工合作排列成毛毛蟲，全體蠕動前行。老師可用刮胡為毛毛蟲的蠕動製造音效。

集體肢體造型對幼小班的小朋友較為困難，建議可用個人造型來替代，並玩音色分辨的遊戲。例如聽到刮胡聲，小朋友就要蠕動身體前行；聽到三角鐵，則模仿蝴蝶輕盈地飛舞。

—小朋友排成一列並儘量把身體縮小，然後一邊唱"毛
　蟲歌"一邊將身體儘量伸展，表示毛毛蟲愈來愈胖
　了。

🎵 因為要強調毛毛蟲由小變大的過程，請老師提醒小朋
　友一開始儘量把身體和隊伍縮小。

—老師用大布當"繭"覆蓋在小朋友身上，然後用手鼓
　敲出漸強的聲音，在敲出最後一個強音時，小朋友就
　要破"繭"而出，老師隨即將布拉開，小朋友迅速排
　成之前所討論的蝴蝶造型隊伍。
—小朋友可一邊唱"蝴蝶歌"（參考譜例）一邊飛舞，
　扮演翅膀的小朋友可手拿絲巾揮舞，老師用三角鐵伴
　奏。

　譜例：蝴蝶歌

詞：佚名
曲：義大利民謠

這 朵 花 兒　　聞 一 聞　　那 朵 花 兒　　吸 一 吸

一 天 到 晚　　在 那 花 中　　採 甜　　蜜

4. 毛毛蟲與蝴蝶

—老師教唸說白節奏，等全體唸熟之後，可兩人一組玩手指律動（參考玩法）。

玩法：

⊓ │ ⊓ │ ⊓ │
毛毛蟲，慢慢爬，慢慢走 ……（手指在對方的手臂上由
下往上爬表示毛毛蟲蠕
動前行）

⊓ │ ⊓ ⊓ │ │
蝴蝶一見他就飛走 ……………（張開雙臂揮動表示蝴蝶
飛）

⊓ │ ⊓ │
毛蟲罵 "羞羞羞" …………………（雙手食指放在兩頰上做
"羞羞" 的樣子）

⊓ ⊓ │ ⊓ ⊓ │
你小時候跟我一樣醜。……（兩人互做鬼臉）

—將小朋友分成刮胡和三角鐵兩組做樂器合奏（參考樂
器合奏譜例）。

樂器合奏譜例：

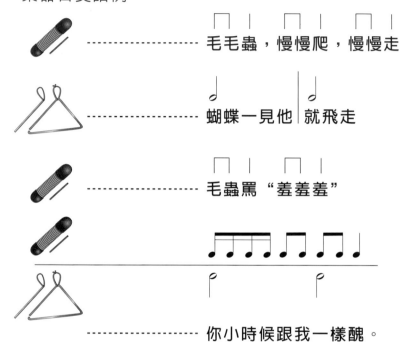

毛毛蟲，慢慢爬，慢慢走

蝴蝶一見他│就飛走

毛蟲罵 "羞羞羞"

你小時候跟我一樣醜。

老師可用水管代替刮胡，或用西卡紙自製刮胡（參考
補充教材）。

5. **蝴蝶飛舞**
　　—老師先一邊播放音樂，一邊描述故事情節：一群美麗
　　的蝴蝶在一座色彩繽紛的花園裏飛舞，當捕蝶人出現
　　時，蝴蝶立刻找到和自己一樣顏色的花，當成保護色
　　躲起來，當捕蝶人離去時，蝴蝶又再度自由快樂的飛
　　舞。

音樂：柴可夫斯基—胡桃鉗 "蘆笛之舞"。

樂曲分析：ＡＢＡ三段式（參考附譜）。

—將小朋友分成花朵、蝴蝶和捕蝶人三組。老師發絲巾給扮演花朵和蝴蝶的小朋友；發呼拉圈給扮演捕蝶人的小朋友。

—在Ａ段音樂時，扮演花的小朋友雙手緊握絲巾圍坐，隨著音樂慢慢放鬆雙手代表花開。老師可加入適當的旁白，以增加趣味性。例如花在風中搖曳。然後配合老師的描述，扮演蝴蝶的小朋友揮動絲巾，從不同的角落飛進花園裏，隨著音樂的高低做上下飛行。老師可鼓勵小朋友發揮想像力，模仿蝴蝶的各種動作。例如停在花上吸花蜜或飛上飛下。

—在Ｂ段音樂時，扮演捕蝶人的小朋友拿著呼拉圈進入花園裏捕蝴蝶，扮演蝴蝶的小朋友要找到同顏色的花朵，停在上面靜止不動。被捕蝶人抓到的蝴蝶就要被帶走。

—在Ａ段音樂再現時，捕蝶人要帶著被捕的蝴蝶離開，扮演蝴蝶的小朋友可以兩人勾手做雙蝶飛舞，穿縮於 "花叢" 中。

　附譜：蘆笛之舞

曲：柴可夫斯基

好餓的毛毛蟲

補充教材

1. 自製刮胡

材料：A4大小西卡紙、白膠、筷子、裝飾用材料。

作法：每人兩張A4大小的西卡紙，一張當底，一張重覆反摺，用白膠固定貼在底面的西卡紙上。小朋友可在西卡紙上做裝飾，用筷子在反摺面上來回刮奏（圖示 ①）。

圖示 ①：

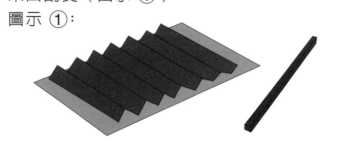

2. 飛舞的蝴蝶

材料：薄色紙、蠟筆或色筆、剪刀、衛生紙紙筒、膠水。

作法：老師先用薄色紙剪出蝴蝶圖形，發給小朋友一人一張。然後請小朋友在上面畫美麗的圖案。小朋友將蝴蝶貼在紙筒上，將手指伸入紙筒中，做手腕上下擺動，飛舞的蝴蝶即完成（圖示 ②）。

圖示 ②：

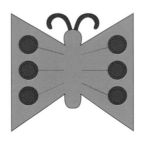 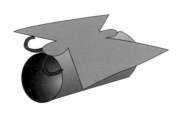

美麗的蜘蛛網

教學目標

♪ 利用走線的活動，訓練小朋友的平衡及空間感。

♪ 配合聽覺遊戲，學習分辨聲音的長短。

♪ 透過蜘蛛吐絲的想像，學習唱長音。

♪ 藉由手指謠訓練小朋友大、小肌肉的協調。

♪ 透過編織蜘蛛網活動，體會空間造型之美。

教學提示

　　本單元主要的目的是藉由蜘蛛網的線條導入音值的長短概念。另外，空間感與空間造型亦是課程重點之一，這是可以巧妙地把音樂、美術融合在一起的一堂課。建議老師可以在室外進行這堂課。老師先用童軍繩在空中交織成網狀，固定在事先選好的定點上，然後讓小朋友用彩繩或皺紋紙披掛在童軍繩上，形成一個大型的彩色蜘蛛網。

教學資源

　　"好忙的蜘蛛"故事書、童軍繩、CD：兒童舞蹈嘉年華、皺紋紙、彩色膠布、笛子、手搖鈴、手鼓。

主 題 發 展

1. 好忙的蜘蛛
2. 美麗的蜘蛛網
3. 蜘蛛吐絲
4. 好餓的蜘蛛
5. 大小蜘蛛

1. 好忙的蜘蛛

—故事引導:請參考"好忙的蜘蛛"(上誼出版社)。
有一隻勤勞的蜘蛛從早上就開始結網,她的動物朋友
們都想邀請她出去玩,可是她忙著織網沒有答應,最
後網結好了,她抓住了一隻蒼蠅當作晚餐,然後她就
沉沉地睡著了,蜘蛛就這樣渡過了忙碌的一天。

—請老師事先準備一些蜘蛛結網的圖片,讓小朋友觀察
不同形狀的蜘蛛網。

2. 美麗的蜘蛛網

—老師將數條童軍繩綁成一長條,放在地上擺出大小不
一的曲線圖形,平均分佈在整個教室中。請小朋友輪
流走線。

—老師播放音樂,小朋友排成一列,老師在隊伍的前面
帶領小朋友隨著音樂踩著地上的童軍繩走線。

音樂:兒童舞蹈嘉年華—杜鵑波卡爾(上聿文化事
業有限公司)。

樂曲分析:AB二段式,共反覆三次(參考附譜)。

—老師將童軍繩收起來。小朋友分成數列,先由最前面
的小朋友帶領隊伍走出不同的曲線圖,當樂段重覆出

現時，則由第二個小朋友當帶領者，第一個小朋友則
繞到隊伍的最後面，如此反覆直到每位小朋友都輪流
當過帶領者。

附譜：杜鵑波卡爾

音樂：奧地利
編曲：黑爾曼‧鄔拉伯

3. 蜘蛛吐絲

—老師可用笛子吹出或唱出 "ㄉㄨ"、"ㄉㄨ" 的聲
音，當老師吹或唱出聲音時，小朋友就要想像自己是
蜘蛛在吐絲，依照所聽到聲音的長短，即興在空中比
劃出長短不同的線條；當笛聲或歌聲停止時，小朋友
就要跟著暫停。

—小朋友依照老師在空中比畫出長短不同的線條，唱出
"ㄉㄨ"、"ㄉㄨ" 的聲音當成蜘蛛在吐絲。

4. 好餓的蜘蛛

—老師先在地上隨意黏貼彩色膠布當成蜘蛛網。

—小朋友自行決定要當哪一種昆蟲，當聽到手搖鈴的聲

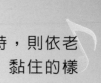

音時，小昆蟲可自由地活動；當聽到手鼓時，則依老師的指令，做出身體某個部位被"蜘蛛網"黏住的樣子，例如手、腳、頭、屁股....等。當手搖鈴再響起時，"小昆蟲"可從"網"中掙脫，如此重覆玩數次。

5. 大小蜘蛛

—老師先教唱"蜘蛛歌"（參考譜例）。唱熟之後，可配上手的律動：將右手的姆指和左手的食指互碰，然後左手的姆指和右手的食指互碰（圖示 ①）如此交替往上。也可以做不同手指互碰的變化，例如將姆指和其他手指互碰。

圖示 ① ：

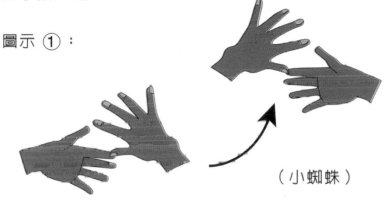

（小蜘蛛）

—小朋友可以把"小蜘蛛"改唱成"大蜘蛛"，將兩手手心輪流互疊慢慢往上移高，配合歌曲來唱（圖示 ②）。

圖示 ② ：

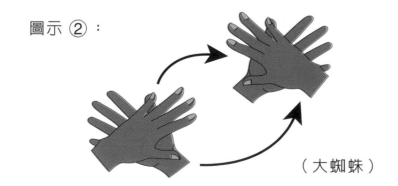

（大蜘蛛）

一發給小朋友一人一條彩色的皺紋紙。小朋友圍成圈，手握住皺紋紙的一端，另一端則由站在圓圈中間的老師拉住，然後配合歌曲的歌詞把皺紋紙放低或拉高（圖示 ③）。

圖示 ③：

有一隻小蜘蛛結網真辛苦⋯⋯⋯（身體慢慢站起，並把皺紋紙慢慢往上拉高）

來了一場大雨⋯⋯⋯⋯⋯⋯⋯⋯（輕搖皺紋紙）

把她沖下去⋯⋯⋯⋯⋯⋯⋯⋯⋯（身體快速下蹲，並把皺紋紙放低）

等到太陽出來，蜘蛛真是高興（身體慢慢站起，並把皺紋紙慢慢往上拉高）

勤勞的小蜘蛛重頭又再來⋯⋯⋯（以老師為軸心，小朋友以逆時針方向繞一個圈）

譜例：小蜘蛛

譯詞：劉斐如、施孟琪
曲：外國童謠

美麗的蜘蛛網

有 一 隻 小 蜘 蛛　結 網 真 辛 苦

來 了 一 場 大 雨　把 她 沖 下 去

等 到 太 陽 出 來　蜘 蛛 真 是 高 興

勤 勞 的 小 蜘 蛛　重 頭 又 再 來

愛打鼓的貓

教學目標

- 藉由不同樂器的音色聽辨，模仿老鼠和貓不同的走路方式。
- 透過歌曲的輪唱方式，讓小朋友了解獨唱與合唱的不同。
- 配合音樂欣賞與律動感受快慢二段式的樂曲型態。
- 配合說白節奏的內容激發小朋友對音色的想像力。
- 手鼓的認識與音色探索。
- 即興歌唱與節奏練習。

教學提示

　　本單元以"愛打鼓的貓"為開始，主要是利用不同的敲鼓方式來表達出唸謠的內容，目的是讓小朋友多去探索聲音，所以老師儘量鼓勵小朋友去嘗試其他不同的敲鼓方式，例如：用手指彈鼓、用手指關節叩鼓、用手面擦鼓…等等。另外，在歌唱的部份，也請老師鼓勵小朋友即興改編歌詞，藉此增加歌唱的趣味性。

教學資源

手鼓、沙鈴、手搖鈴、食物的圖片、貓咪的節奏卡片、CD：兒童舞蹈嘉年華、貓咪圖卡、鈴鐺。

主題發展

1. 愛打鼓的貓
2. 貓捉老鼠
3. 愛吃的貓
4. 喵喵貓
5. 誰去掛鈴噹？

1. 愛打鼓的貓

—故事引導：

有一隻很會打鼓的貓，只要他一打鼓，小老鼠就會開始在屋頂上跳舞。當貓咪聽到老鼠跳舞的聲音時，就會去捉老鼠，嚇得老鼠趕快逃跑。

—小朋友每人一個手鼓，跟著老師一邊唸說白節奏，一邊用手鼓伴奏。

說白節奏：

$\frac{4}{4}$ 貓咪打鼓乒乓碰 ……（手面拍鼓）

好多老鼠在跳舞 …………（手指快速彈鼓）

喵喵喵，貓來了……（手面擦鼓）

嚇得老鼠趕快逃（手面快速拍鼓後，
迅速將手藏至身後）

—老師可請小朋友配合上述的說白節奏，即興創作不同的手鼓敲奏方式。

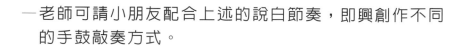

2．貓捉老鼠
　　─小朋友先模仿老鼠和貓的走路動作。
　　─小朋友分成老鼠和貓兩組。當老師用手指快速彈鼓
　　　時，當"小老鼠"的小朋友就要出來跳舞；用手面打
　　　鼓時，當"貓咪"的小朋友就要出來抓老鼠。

3．愛吃的貓
　　─老師先帶領小朋友將歌曲唱熟（參考譜例）。然後請
　　　小朋友負責唱"喵"。老師則獨唱其他歌詞的部份。
　　─老師選一位小朋友獨唱"喵"的部分，其他的小朋友
　　　合唱其他歌詞的部分，或是交換唱。
　　─在"薯條和漢堡"的地方，可依小朋友的喜好改編其
　　　他想吃的東西。

　　♪　老師可出示數種食物的圖片，讓小朋友一邊看圖一邊
　　　歌唱。

　　譜例：大肥貓

　　　　　　　　　　　　　　　　　　　　　　　詞曲：施孟琪

一 隻 大 肥 貓（喵）　餓 得 不 得 了（喵）　看到 薯條 和　漢堡 通通 都 吃 掉（喵）

4. 喵喵貓

　—老師先準備貓咪的節奏卡片，一邊唱一邊用手指出歌曲第一、二、四句歌詞的節奏（圖示 ①）；第三句歌詞的部份老師則用食物的圖片代替（圖示 ②），在最後一拍休止符時請小朋友做出"喵"的聲音及動作。

　—老師可選幾位小朋友用三角鐵（或碰鈴）敲出"喵"的聲音。

 老師也可以將貓咪的節奏卡片打散，讓大班的小朋友重新排列組合。

圖示 ① ：

（貓咪節奏卡片）

圖示 ② ：

5. 誰去掛鈴噹？

音樂：兒童舞蹈嘉年華─鞋匠之舞（上聿文化事業
有限公司）。

樂曲分析：ABB'三段式。A段慢板，B段快板，B'段稍
快板，共反覆四次（參考附譜）。

小老鼠每天提心吊膽害怕被貓咪吃掉，於是想了一個
妙計，想要在貓的身上掛鈴鐺，只要老鼠聽到鈴鐺聲
就知道貓來了，他們就要趕快躲起來。

但是要怎麼掛呢？請小朋友幫忙想想辦法（趁貓咪睡
著時偷偷的去掛鈴鐺）。

─老師一邊播放音樂"鞋匠之舞"一邊問小朋友：這是
貓醒著時的音樂？還是小老鼠偷偷走路的聲音？

─將小朋友分成貓咪和老鼠兩組。老師將事先準備好的
鈴鐺發給老鼠組的小朋友一人一個（請參考補充教材
1）。

─聽到第一次的 A 段音樂時，扮演貓咪的小朋友從睡夢
中醒來並伸伸懶腰，聽到第一次B和B'段音樂時，貓
咪可以變換睡覺的姿勢，扮演小老鼠的小朋友則偷偷
地將鈴鐺掛在貓咪的身上（耳朵、手或腳…等）。

─聽到第二、三、四次的 A 段音樂時，貓咪就要把掛在
身上的鈴鐺用力甩開；聽到之後的B和B'段音樂時，
小老鼠就要把貓咪甩掉的鈴鐺重新掛回貓咪的身上。

附譜：鞋匠之舞

音樂：波蘭
編曲：薩爾堡奧福教育研究所樂團

A段：慢板

B段：快板

B'段：稍快板

愛打鼓的貓

補充教材

1. 自製鈴鐺

材料：一人一條長約二十公分的細鬆緊帶和兩個小鈴
鐺。

作法：將細鬆緊帶穿過小鈴鐺，打個結即可。

2. 貓咪圖卡

材料：A4大小的白色西卡紙、貓咪輪廓的圖形、蠟筆
數盒、剪刀。

作法：老師先將貓咪輪廓的圖形貼在西卡紙上，發給
小朋友一人一張，請小朋友畫上顏色並裝飾，
最後將貓咪圖形剪下即可。

活動：老師可重覆上述第五項 "誰去掛鈴鐺？" 的遊
戲。讓扮演貓咪的小朋友手上拿自製的貓咪圖
卡（圖示 ③）。

圖示 ③ ：

3.台灣童謠 ① ：一隻貓（卡農曲）

詞曲：施福珍

愛打鼓的貓

一 隻 貓 仔　喵 喵 叫　一 隻 貓 仔　喵 喵 叫

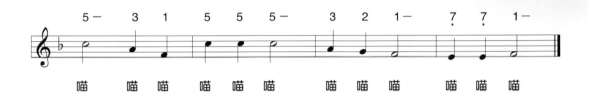

喵　喵 喵　喵 喵 喵　喵 喵 喵　喵 喵 喵

台灣童謠 ② ：貓咬貓

詞曲：施福珍

廟 內 一 隻 貓 貓　廟 外 一 隻 貓 貓　內 底 彼 隻 白 鼻 貓

外 口 彼 隻 黑 鼻 貓　　　　貓 貓 貓 咬 貓

43

狗兒家庭

教學目標

🎵 利用回聲的遊戲做節奏模仿的練習。

🎵 經由學習即興歌唱，鼓勵小朋友發揮創意改編歌詞。

🎵 從歌唱遊戲中學唱一首曲子，並體會歌唱的樂趣。

🎵 透過指揮家的遊戲，讓小朋友學習如何當領導與被領導者。

🎵 藉由大小狗的圖片唱出力度的變化。

🎵 學習用樂器為歌曲伴奏。

教學提示

　　本單元是以狗媽媽尋找狗寶寶的故事為引導，讓小朋友從回聲模仿的遊戲中體會節奏變化的樂趣。在接下來的歌唱遊戲活動中，老師必須將兩人互換位置的動作清楚地示範出來，以達到換新舞伴的目的。

教學資源

大小狗偶、大小狗圖卡、手鼓、木琴。

主題發展

1. 迷路的小狗　　　　　4. 是誰在叫?
2. 來學狗叫　　　　　　5. 狗狗樂團
3. 汪汪汪

狗兒家庭

1. 迷路的小狗
—故事引導：

　　有一天，狗媽媽的寶寶不見了，狗媽媽就請小朋友想辦法幫忙找狗寶寶。最後大家想了一個好方法，利用狗叫聲來找狗寶寶，但是狗媽媽的聲音太小，怕狗寶寶聽不到，所以請小朋友幫忙，大家一起汪汪叫。

—小朋友幫狗媽媽叫 "汪汪汪"，老師則學其他動物的叫聲（如喵～、哞～、咕咕咕、呱呱...等做為回應），並問小朋友是不是狗寶寶的叫聲？小朋友要說出是何種動物的聲音？直到老師最後一次回應 "汪汪汪"，狗媽媽與狗寶寶喜相逢。

🎵 老師也可以在教室的不同角落學狗叫，小朋友閉上眼睛或戴上眼罩仔細聽，然後用手指出聲音的方向。

2. 來學狗叫
—老師以不同的節奏或強弱學狗叫，小朋友要模仿。
　例如：

老師：　　　　　　　　小朋友：

汪　汪　汪汪　汪 (強)　　　汪　汪　汪汪　汪 (強)

老師：　　　　　　　　　小朋友：

┌┐ │ │ │　　　　　┌┐ │ │ │
汪汪　汪　汪　汪(弱)　　汪汪　汪　汪　汪(弱)

—也可以找幾位小朋友出來叫，其他人模仿。

3. 汪汪汪

　　—老師教唱"汪汪汪"（參考譜例）。

　　—小朋友將歌曲唱熟之後，可以一邊唱歌，一邊跳舞
　　　（參考舞步）。

　　譜例：汪汪汪

譯詞：施孟琪
曲　：美國童謠

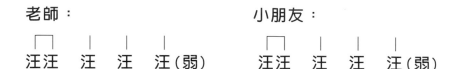

```
1  1  1  0    3 3 3 3 3 0    5 5 5 6 5 3 1   3 2 1 0
汪  汪  汪     誰 的 狗 在 叫    小 英 家 的 狗 在 叫   汪 汪 汪
```

　　舞步：

　　隊形：全體圍成單圈，兩人一組面對面站立。

汪汪汪 ·················（雙手放在嘴旁模仿狗叫）

誰的狗在叫 ···········（用食指互點對方三下）

小英家的狗在叫 ·····（兩人牽手互換位置）

汪汪汪 ·················（雙手放在嘴旁模仿狗叫三聲後，
　　　　　　　　　　　　　全體喊"嘿"一聲，各自往後跳
　　　　　　　　　　　　　轉，找到新舞伴）

此項歌唱遊戲可以不斷重覆，直到小朋友找回他最初的舞伴為止。

4. 是誰在叫？

— 全體再唱一次 "汪汪汪"。老師兩手各拿一張大狗和小狗的圖卡。當老師拿出大狗圖卡，小朋友就要大聲唱，反之則小聲唱。也可以請小朋友輪流拿圖卡當作指揮家。

— 可以即興改變歌詞，例如：把 "狗" 改成 "貓"、"汪汪汪" 改成 "喵喵喵" 或 "小英" 改成其他小朋友的名字。

5. 狗狗樂團

— 將小朋友分成手鼓、木琴兩組。手鼓組一邊唱歌一邊敲奏 "汪汪汪" 的部份，其他的歌詞部份則由木琴組一邊唱一邊按照歌曲的節奏，同時敲出 "C、G" 兩鍵。如果沒有木琴的話，也可以用其他的樂器代替。

大班的小朋友可以用 " ♩ ♩ ♩ ₹ " 的固定節奏同時敲出木琴的 "C、G" 兩鍵作為歌曲的伴奏。

— 請小朋友輪流當指揮家，自己創作大小聲的手勢，其他的小朋友則依據指揮者的手勢唱出大小聲。

補充教材

台灣童謠 ① ：不成猴

詞曲：施福珍

厝　前　一　隻　不　成　狗

厝　後　一　隻　不　成　猴

兩　隻　相　打　車　糞　倒

猴　咬　狗　　狗　咬　猴

補充歌曲 ② ：小花狗

詞曲：施福珍

我　家　的　小　花　狗　　天　天　送　我　到　門　口

搖　尾　巴　　點　點　頭　　就　是　不　肯　走

老鼠娶新娘

教學目標

♪ 藉由團體遊戲增進小朋友的參與感及團體合作協調的
能力。

♪ 透過戲劇的表演促進自我的表現力及自信心。

♪ 經由傳遞繡球的遊戲培養拍子的穩定感。

♪ 利用中國童詩，配合語言說白與五聲音階的旋律，培
養小朋友的音感與節奏感。

♪ 讓小朋友學習運用不同的樂器音色，來為故事的情節
製造音效。

教學提示

　　在本單元中，筆者嘗試將中國童話故事 "老鼠娶新
娘" 配合音樂發展為小小音樂劇。由於排練音樂劇所需
時間較長，所以老師可依實際的需要，將課程分為數堂
課來完成。

教學資源

　　"老鼠娶新娘" 故事書、圖片、繡球、紅絲巾、琴槌、
各色絲巾或道具（貓、太陽、烏雲、風）、沙鈴、三角
鐵、手鼓、手搖鈴、響棒。

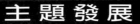

主 題 發 展

1.老鼠村的故事　　　　4.我是世界第一強
2.老鼠娶新娘
3.拋繡球

1. 老鼠村的故事

—故事引導：請參考 "老鼠娶新娘"（遠流出版社）。
老鼠村長要嫁女兒了，他舉辦了一場拋繡球比賽，不
料，碰上了大貓來襲，把整個老鼠村搞得亂七八糟
的，於是村長伯決定把女兒嫁給世界第一強者。他尋
尋覓覓，碰到了太陽、烏雲、風、牆，最後終於把女
兒嫁給了世界第一強的老鼠 "阿郎"。

2. 老鼠娶新娘

—老師先唸說白節奏。
說白節奏：

$\frac{2}{4}$

一月一，年初一，一月二，年初二，

年初三，早上床，今夜老鼠娶新娘。

咚咚鏘，咚咚鏘，咚鏘咚鏘咚咚鏘。

—老師先帶領小朋友將說白節奏唸熟後，可以再加入響
　棒伴奏。

3. **拋繡球**
　　—老師教唱 "老鼠娶新娘" 的歌（參考譜例）。
　　—小朋友圍坐，一邊唱歌一邊傳繡球，當歌曲結束時，
　　　手拿到繡球的小朋友便是新娘，然後新娘站到圓圈中
　　　央拋繡球，接到者當新郎，新郎可拿著琴槌（或自製
　　　的棒子）掀新娘的紅巾，然後再重新傳遞繡球。

　　　譜例：老鼠娶新娘

詞：中國童謠
曲：劉斐如・施孟琪

4. **我是世界第一強**（音樂劇）
　　—老師可提供各種道具讓小朋友依扮演的角色自由裝
　　　扮；並拿出數種樂器，讓小朋友選擇代表老鼠、太
　　　陽、烏雲、風、牆等的樂器。

建議：老鼠—沙鈴
　　　太陽—三角鐵
　　　烏雲—手鼓
　　　風　—手搖鈴
　　　牆　—響棒

角色分配：選出飾演村長伯、新娘、大貓、阿郎各一
人，其他小朋友在第一幕時先飾演小老鼠們；第二幕
時再分組飾演太陽、烏雲、風、牆等角色，老師則在
旁負責旁白串場。

(1)第一幕：村長伯說 "今夜我要替我的女兒找丈夫，
所以要舉辦拋繡球比賽，請大家踴躍參加..."。
當新娘準備要拋繡球的時候，突然大貓來了，所有
的小老鼠尖叫逃跑（小朋友用沙鈴製造出緊張氣氛
的音效）。

(2)第二幕：村長伯開始尋找世界上最強的人。當他找
到太陽時便問 "太陽太陽，誰是世界第一強？"（說
白節奏如譜 ①）。太陽回答說："天不怕，地不怕，
我是世界第一強"（說白節奏如譜 ②，扮演太陽的
小朋友一邊唸，一邊用三角鐵敲出所唸的節奏）。
村長伯回答說： "我把女兒嫁給你"（說白節奏如
譜 ③），此時來了一片烏雲將太陽遮住。村長伯繼
續問扮演烏雲、風、牆的小朋友，小朋友則如前所
述，用樂器敲出所唸的節奏。
最後 "阿郎" 出現將 "牆" 推倒，終於得到村長伯
的肯定，娶到了可愛的老鼠新娘。

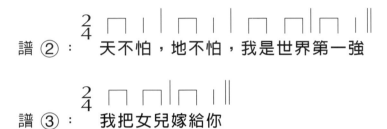

譜 ①：　太陽太陽，誰是世界第一強？

烏雲烏雲，誰是世界第一強？

風呀風呀，誰是世界第一強？

牆呀牆呀，誰是世界第一強？

阿郎阿郎，誰是世界第一強？

譜 ②：　天不怕，地不怕，我是世界第一強

譜 ③：　我把女兒嫁給你

扮演牆的小朋友可將響棒和左右兩旁小朋友的響棒連接成牆，當阿郎"鑽出"牆時，小朋友要用響棒做出牆倒塌的音效。

(3)第三幕：大家一起慶祝婚禮，小朋友一邊唱"老鼠娶新娘"的歌，一邊敲奏樂器。最後，由老師扮演司儀喊"一拜天地，二拜高堂，夫妻交拜"，以增加歡樂氣氛。

補充教材

補充歌曲：老鼠娶新娘

詞 ：中國童謠
編曲：劉斐如

前奏

鈸　　鑼　　康加鼓

高音木琴　　中音木琴　　低音木琴

說白　　小白菜，　地裡黃，　老鼠村，　老村長，村長女兒

響板　　康加鼓

說白　　美叮噹，　　想找女婿，比貓強，　　太陽 最 強，嫁太陽

響板

康加鼓

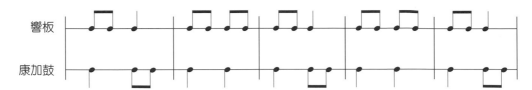

說白　　太陽 不行，嫁給雲，　　雲不行，嫁給風，　　風不行，　嫁給牆，

響板

康加鼓

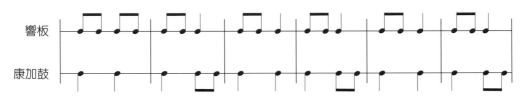

說白　　　牆不 行，　想一想，　還是嫁給 老鼠郎，　　花對花，柳對柳，

響板

康加鼓

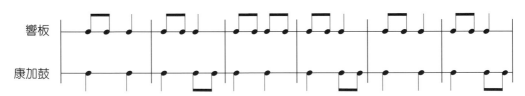

說白　　畚箕畚箕　配掃帚

響板

康加鼓

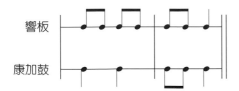

老鼠娶新娘

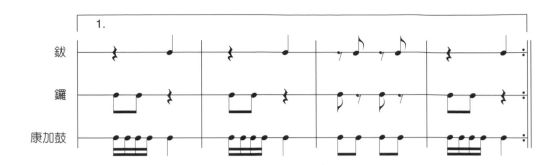

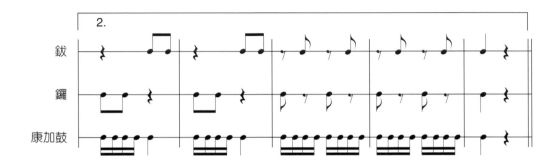

三隻小豬

教學目標

♪ 藉由建築物的圖片，激發小朋友的肢體創意表現能力。
♪ 讓小朋友學習配合故事情節，使用樂器製造音效。
♪ 知道樂器名稱並熟悉樂器的敲奏法。
♪ 透過主題故事並配合歌唱，讓小朋友經驗戲劇與音樂的結合。

教學提示

　　本單元是以小朋友們耳熟能詳的故事"三隻小豬"為主，並配上歌唱與樂器音效，發展成一齣小小音樂劇。老師和小朋友甚至可以一起改編故事的內容，例如：大野狼可以假扮成可憐的老婆婆、郵差先生或賣冰淇淋的人，所以"大野狼"的聲音必需隨著角色的不同而有所變化。建議由老師當大野狼。另外，在結尾的部分也可以有所改變(參考教學活動4)。

教學資源

　　"三隻小豬"故事書、製作音效的樂器(如響棒、手鼓、沙鈴、木琴…等等)、彩色膠帶、絲巾或皺紋紙、響棒、椅子、拼圖地墊或書包、CD：與兄弟們共舞。

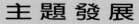

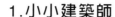

主 題 發 展

1. 小小建築師　　　　4. 小豬逃命
2. 三隻小豬的故事　　5. 快樂大結局
3. 快樂的工作歌

三隻小豬

1. 小小建築師

—老師可先展示所收集到特殊的建築物造型圖片，藉以引發小朋友豐富的想像力。

—老師可鼓勵小朋友集體(可兩人、四人或全體)用肢體即興做出想像中的房子。

—小朋友蓋好 "房子" 之後，可以玩地震的遊戲，老師一邊敲鼓，小朋友則一邊隨著鼓聲搖晃身體，隨著鼓聲漸強 "房子" 也搖晃地更劇烈。當老師敲出最後一聲巨響時， "房子" 就應聲而倒。這個遊戲可以反覆多次，老師可以儘量鼓勵小朋友換新的房屋造型。

—老師可以和小朋友討論怎樣的房子最堅固不怕地震。

2. 三隻小豬的故事

—老師一邊講故事，一邊用口發出各種聲音，如蓋房子 "叩叩叩叩"、野狼吹房子 "呼呼呼呼"、房子倒下 "碰"、小豬逃跑 "咚咚咚咚" 的聲音。當老師再說一遍故事時，可讓小朋友選擇合適的樂器來配合故事情節。例如：響棒聲表示蓋房子，手鼓聲表示房子倒了，沙鈴聲表示小豬逃跑 . . . . 等。老師亦可參考小朋友所選擇的樂器聲。

65

3. 快樂的工作歌

—老師事先用彩色膠帶黏成三個方形格。

—老師教小朋友唱熟"快樂的工作歌"（參考譜例 ①）。

—小朋友則按照順序，在方形格內一邊唱歌一邊搭蓋草
屋（用絲巾或皺紋紙）、木屋（用響棒）、磚屋（用
椅子、拼圖地墊或書包）。等佈置好就可以演了。

🎵 如果教室不夠大，可以一次只蓋一間房屋，等到野狼
吹倒以後再一邊唱"快樂的工作歌"，一邊蓋下一個
房屋。

譜例 ①：快樂的工作歌

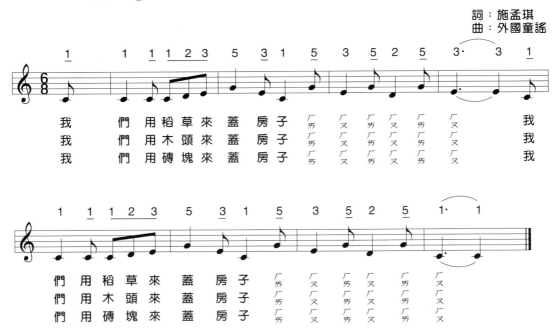

詞：施孟琪
曲：外國童謠

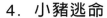

4．小豬逃命

角色分配：小豬—由小朋友們扮演。

野狼—由老師或找一位或多位小朋友扮演。

—小豬們在第一個方形格的"草屋"裏玩耍，當野狼敲
門唱出歌曲"狼與豬"的"問唱"部分時，小豬們則
唱出"答唱"的部份拒絕野狼（參考譜例 ②）。
野狼生氣地將房子吹倒後，小豬們就逃命般地跑到
"木屋"裏。

—小豬們跑到第二個方形格的"木屋"內，野狼極力誘
騙小豬們開門，當野狼的人可即興改變聲音和台詞
（例如：可憐的老太太、郵差先生、賣冰淇淋的人），
請小豬們開門。小豬們和野狼繼續答唱"狼與豬"的
歌曲。當野狼把房屋吹倒後，小豬們就逃命般地跑到
"磚屋"裏。

—小豬們跑到第三個方形格的"磚屋"內，繼續如前所
述。

—最後的結局可依照書上所寫的，或者讓小朋友改編。
例如把野狼關進監獄裏，或小豬們原諒大野狼，請他
改過自新．．．．等等。

譜例 ② ：狼與豬

詞曲：佚名

野狼問唱

小豬們答唱

三隻小豬

5. 快樂大結局

音樂：與兄弟們共舞— A ram sam sam（上聿文化事業有限公司）。

樂曲分析：AB二段式（參考附譜）。

—小豬為了慶祝打敗野狼，就很快樂地跳舞慶祝（參考舞步）。

舞步：

隊形：全體圍成雙圈，兩人面對面站好。

A 段：兩人互拍右手、左手各三下，雙手握拳做滾輪狀後互拍雙手三下，共重覆兩次。

B 段：雙手舉高先往右再往左揮動，雙手握拳做滾輪狀並同時自轉一圈，轉回原點後再互拍雙手三下（共重覆兩次）。

間奏：隨著音樂的旋律扭動身體。

附譜：A ram sam sam

三隻小豬

A段

B段

間奏

小黑魚

教學目標

- 利用"海洋生物"的主題，讓小朋友嘗試做不同的肢體創作。
- 藉由特定的造型培養團體分工協調的能力。
- 經由角色扮演提供小朋友自我表現的機會。
- 透過圖片與唸謠的配合，增進小朋友的節奏感。
- 配合唸謠的內容，讓小朋友學習表達出不同的力度變化。
- 透過指揮的遊戲培養小朋友指揮的能力。

教學提示

　　海洋裏的各形各色生物可以提供孩子們豐富的想像空間，所以建議教師在開始的引導過程中，和幼兒一起討論有關海洋的各種事物，然後老師和幼兒共同設計一個美麗的海洋世界（請參考補充教材）。老師先分配角色並提供一些道具，讓小朋友自由選擇並即興演出。接下來的課程則以童話繪本"小黑魚"的故事來串聯發展。根據故事的內容，小朋友必須同心協力組成大嘴魚來嚇走敵人，藉此可以讓小朋友體驗分工合作與團結的重要。並從其中學習社會的協調性及團體的合群性。另外在唸謠和歌唱方面著重在力度的變化。所以，老師在唸謠或歌唱時，都要有清楚的示範，並鼓勵小朋友儘量把力度的變化做清楚。

教學資源

彩色絲巾、皺紋紙、故事書　小黑魚、CD：聖桑—動物狂歡節、木琴、手搖鈴、手鼓（或康加鼓）。

主 題 發 展

★1.美麗的海底世界　　4.團結力量大
　2.水族館　　　　　　5.大魚吃小魚
　3.小黑魚

★1. 美麗的海底世界

— 老師可先問小朋友，海底有些什麼東西！（老師可以
展示海洋生物的圖片）然後請幾位小朋友出來模仿他
們所看到的生物，如海草、魚、珊瑚...等。

— 老師選定幾個海洋生物，讓小朋友做即興團體造型。
老師先將小朋友分成若干組，當老師唸到 "海星" 時
各組小朋友就要集體創作出不同的海星造型；當老師
唸到 "珊瑚" 時，小朋友就要集體創作珊瑚的造型。

2. 水族館

 音樂：聖桑—動物狂歡節 "水族館"。

— 老師播放音樂 "動物狂歡節的水族館"，小朋友依照
自己想扮演的角色或由老師分配角色，隨著音樂舞動
肢體。老師可隨著音樂的進行增加旁白，藉此激發小
朋友的想像力。老師可提供道具，如彩色絲巾、皺紋
紙。使海洋世界變得更多彩多姿。

— 將事先做好的汽球魚（參考補充教材2）放在藍布上，
隨著音樂上下揮動藍布，彷彿魚兒在水裏游泳。

3. 小黑魚

　　—故事引導：請參考"小黑魚"（上誼出版社）。

　　在海底的一個角落，住著一群小紅魚和一隻小黑魚。有一天，來了一隻大嘴魚，把所有的小紅魚全都吃掉了，只有小黑魚逃出來。小黑魚難過得離開他生長的地方，後來卻意外的發現，在海的另一邊也住著一群小紅魚，但是他們總是棲息在黑暗的角落裏，不敢外出遊玩，因為他們害怕被大嘴魚吃掉。後來小黑魚想到一個好辦法，他教所有的小紅魚集中在一起，假裝成一條大紅魚，而他就是那隻黑眼睛。他們團結起來最後終於嚇走了可惡的大嘴魚！

4. 團結力量大

　　—老師選出兩位小朋友當"大嘴魚"和"小黑魚"。其他小朋友當"小紅魚"。

 老師可自行準備道具，例如絲巾、嘴套…等。

　　—小朋友聽到木琴滑奏時（用手搖鈴亦可），就要當成小魚各自游泳；當手鼓急速敲奏時，則表示大魚來了，小魚們要趕快排成一條大魚的形狀，小黑魚排在前面當眼睛，一起嚇走大嘴魚。小朋友可以一邊排隊形一邊唸"大嘴魚，走開"（參考譜例）。老師可事先將小朋友的排列順序固定好，不但可考驗小朋友的記憶力也可迅速排好隊。

譜例：

5. 大魚吃小魚

―老師帶領小朋友唸熟"大魚不來，小魚來"的說白節奏。

說白節奏：

$\frac{4}{4}$

大魚不來，小魚來，小魚不來，蝦蟹來；

蝦蟹來了，小魚來，小魚來了，大魚來。

―老師可配合說白節奏加上肢體動作：**大魚－踏地**
小魚－拍手
蝦蟹－食指對碰

―老師將事先準備好的圖片(圖示 ①)排列出來，讓小朋友一邊看圖片一邊唸出來。老師可將圖片打散，讓小朋友重新排列組合。

圖示 ① ：

（大魚）　　　　（小魚）　　　　（蝦蟹）

—當唸到大魚、小魚、蝦蟹時，老師的聲音可同時配合
　手勢做出漸弱的變化，反之則漸強（圖示 ②）。

—老師可請小朋友輪流當指揮，自行創作出不同力度的
　手勢。

圖示 ②：

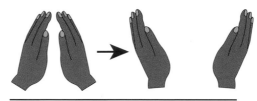

（由弱至強）

（由強至弱）

—老師也可教唱 "大魚不來小魚來" 的歌曲（參考譜例）。

譜例：大魚不來小魚來

詞：江蘇唸謠
曲：施福珍

補充教材

1. 情境佈置

材料：藍色壁報紙數張、彩色皺紋紙、色紙、雙面膠、剪刀、膠水、蠟筆或水彩、透明膠帶。

作法：—老師將小朋友分成數組，依每組小朋友的人數發下若干藍色壁報紙，然後將壁報紙黏接成長條狀。

　　　—老師發下材料，請小朋友發揮想像與創造力，畫出或剪出各種海洋生物的造型，將藍色壁報紙裝飾成一幅美麗的海洋世界圖畫。

　　　—將各組的圖畫黏貼在教室四週的牆壁上，當成海洋世界的佈置。

2. 自製汽球魚

材料：汽球、彩色皺紋紙、色紙、雙面膠、剪刀。

作法：老師先將汽球吹好，發給小朋友一人一個，並將裝飾用的圓形魚鱗片剪好（或者讓小朋友自己剪，幼小班的小朋友可用圓形貼紙貼上即可），然後將圓形魚鱗片對折成兩個半面，一面用雙面膠固定在汽球上，立體的魚鱗片即成（參考圖示 ③）。

圖示 ③：

老鷹抓小雞

教學目標

♪ 藉由猜拳的遊戲，培養小朋友的節奏感。

♪ 透過公雞、母雞、小雞不同的音高聽辨，培養小朋友的音感。

♪ 從傳統唸謠配合手指律動的遊戲中，促進手指尖的觸覺感和靈敏度。

♪ 經由唸謠的詞句和配合不同的樂器伴奏，讓小朋友感受斷奏與圓滑奏的不同。

♪ 從歌唱遊戲中體會不同的歌唱樂趣。

教學提示

　　本單元是以猜拳遊戲為開始，主要目的是培養小朋友的節奏感，所以在課程進行當中，老師要不斷提醒小朋友把動作配合節奏做清楚。如果小朋友人數太多，時間比較不容易掌握，老師可以只選擇數位小朋友代表猜拳。另外，"小雞喝水"的活動，是很好的指尖運動，也是敲奏、彈奏樂器很好的預備動作，特別是在做"飛"的動作時，手腕要保持放鬆和彈性。在最後一項"小雞樂團"的活動中，為了要讓小朋友感受斷奏與圓滑奏的不同，老師要事先將斷奏與圓滑奏清楚地示範出來。

教學資源

公雞、母雞、小雞的圖片（或雞偶）、絲巾、木琴（或木笛）、手鼓、三角鐵。

主題發展

★1.我家ㄘㄟˋ
★2.誰在叫
3.老鷹抓小雞
4.小雞喝水
5.小雞樂園

★1. 我家ㄘㄟˋ

—老師先和全體小朋友玩猜拳的遊戲，輸的人坐下（或換成和老師出一樣拳的人坐下），玩數次之後，仍然站立的小朋友，可以得到老師的小獎勵。

—老師示範"我家ㄘㄟˋ"的猜拳遊戲。

> 我家的我家的我家 ㄘㄟˋ
> 我家的公雞（母雞、小雞）我家 ㄘㄟˋ

—將全班分成兩組玩"我家ㄘㄟˋ"的猜拳比賽。各組先派一位小朋友代表猜拳，輸的人要做出小雞、贏的人做出公雞的動作，如果平手就同時做出母雞的動作，其他的組員就要跟著自己那一組的代表做相同的動作。如果其中一位代表輸兩次（即做兩次小雞的動作），就要排到贏的那一組去，然後換下一位小朋友繼續和贏的那一組代表猜拳。最後看哪一組的人最多就是勝利者。

—老師可用不同的身體樂器拍出"我家ㄘㄟˋ"的節奏，例如拍手、拍腿、踏腳.....等；在唸到"ㄘㄟˋ"的時候，可以作出右手在左手心切菜的動作。當老師拿出"公雞"（母雞、小雞）的圖片時，小朋友要一邊看

圖片，一邊唸同時做出"公雞"(母雞、小雞)的肢
體動作(參考圖示 ①)。

圖示 ① ：

 .... (兩手放頭上搖擺)

 .... (兩手臂彎曲放在身體的兩側
　　　　　　　　　做拍打狀)

 .... (兩手食指放嘴巴前做尖嘴狀)

★2. 誰在叫
　一老師拿出"公雞、母雞、小雞"的圖片(或雞的布偶)，
　　請小朋友模仿"公雞、母雞、小雞"的叫聲。然後由
　　老師用木琴(或木笛)做出雞叫聲，小朋友聽聲音做動
　　作(如上圖所示)。

—老師先將小朋友分成"公雞、母雞、小雞"三組，每組坐成半圓形，老師在各組的前面放一個呼拉圈。當老師踩在公雞組的呼拉圈內時，公雞組的小朋友就要立刻唱出自己的音高和節奏並做動作；以此類推。老師也可以同時踩在兩個呼拉圈內，兩組的小朋友就要同時反應。

—老師也可以找小朋友出來踩呼拉圈，玩法同上。

3. 老鷹抓小雞

—老師先教唱"大老鷹要抓小雞"（參考譜例）。

—全體圍坐，老師選一人當老鷹，大家一起唱"大老鷹要抓小雞"的歌，扮演老鷹的小朋友要一邊揮動翅膀（可拿絲巾）一邊在圈外繞。當唱到歌詞最後的"你"時，"老鷹"就要拍一個小朋友的肩膀，被拍到者就要起身抓老鷹。如果老鷹跑回被拍者的座位時，被拍者就要當下一個老鷹；反之則還要再當一次老鷹。

譜例：大老鷹要抓小雞

譯詞：紀華冠
曲　：美國童謠

4. 小雞喝水

— 全體圍坐，老師教唸說白節奏，一邊唸一邊加上手指律動。

說白節奏：

詞：台灣傳統唸謠

$\frac{3}{4}$ ⊓ | | | ⊓ | | | ⊓ ⊓ ⊓ | ♩. |

小雞喝水 ｜ 小雞喝水 ｜ 咕嚕咕嚕咕嚕 ｜ 飛 ‖

— 小朋友將左手手心朝上，右手食指隨著說白節奏 "小雞喝水"，輕點左手手心，唸到 "飛" 的時候，則用右手食指在空中畫一條圓滑線（參考圖示），然後停在右邊小朋友的左手心上。為了增加趣味，小朋友也可以換手做或是將手指停在身體的任何一個部位，甚至可以站起來停飛在教室的某個角落，玩法同上，可重覆多次。

圖示：

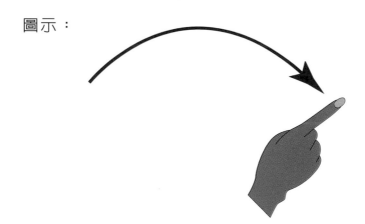

5. 小雞樂團

　─將小朋友分成手鼓和三角鐵兩組，唸到 "小雞喝水"
　　時，拿手鼓的小朋友配合說白的節奏用手指輕敲鼓面
　　（可用不同手指）；唸到 "飛" 時，則由拿三角鐵的
　　小朋友敲出長音。

　♪ 為了表現出三角鐵的餘音，小朋友要保持手腕的放鬆
　　與彈性，彷彿用手在空中畫一條圓弧線（參考上一項
　　活動的圖示）。

咕咕鳥

教學目標

♪ 從模仿咕咕鳥的叫聲中，讓小朋友感受並唱出so、mi 的音高。

♪ 培養小朋友即興歌唱問答的能力。

♪ 藉由模仿咕咕鐘的造型，激發小朋友的肢體即興創作 的能力。

♪ 透過音樂欣賞培養專注力及音感。

♪ 利用圖片與聽音的配合，讓小朋友感知 G、E 音的高 低位置。

♪ 認識與練習敲奏木琴。

教學提示

　　本單元是利用咕咕鳥特別的鳥叫聲來培養小朋友的音感。G、E (即so、mi)是一個三度的音程 (即兩音之間的距離)。此音程是音樂教育學家認為是小朋友最容易唱的兩個音。由於學前的小朋友的發聲器官尚未發展成熟，所以老師不能強求他們把音唱準，但老師應有正確的範唱。所以加強小朋友對 G、E (即so、mi)的音程感，才是本單元的重點。此外，在"美妙的咕咕聲"活動中，老師要儘量把 G、E 兩音的相對音高位置清楚的表示出來。最後，在"咕咕鳥在唱歌"的活動中，建議老師最好使用音磚，如果使用木琴，那麼只留 G、E 兩音，然後將木琴的其他琴鍵取下，以方便小朋友敲奏。

教學資源

自製咕咕鐘、CD：聖桑–動物狂歡節、音磚G、E音 (或木琴、木笛)、咕咕鳥圖片數張。

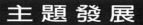

主題發展

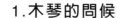

1.木琴的問候　　　　★4.美妙的咕咕聲
★2.森林裡的咕咕鳥　　　5.咕咕鳥在唱歌
3.咕咕鐘

1. 木琴的問候

─老師敲奏木琴或音磚的 G、E 音（即so、mi）並同時唱出小朋友的名字。

老師：　　s　m　s　s　m
　　　　　小　英　你　好　嗎？

小朋友：　s　m　s　s　m
　　　　　老　師　我　很　好

─老師問候完畢，可以改編歌詞，請小朋友用唱歌回答，例如："你最喜歡吃什麼?"．．．．．等等。

　　　　s　s　m　m　s　s　m
　　　　你　最　喜　歡　吃　什　麼　？

★2. 森林裡的咕咕鳥

─小朋友配合老師的鼓聲在森林中散步，當小朋友聽到老師用音磚（木琴或木笛）敲奏出 G、E 音的 "咕咕聲" 時，小朋友要把手放在耳邊做出聆聽的模樣。

─老師可固定敲四聲鼓聲，接著敲一次 "咕咕"（G、E

兩音），重覆數次，等小朋友熟悉這樣的節奏之後，
　　老師可問小朋友走了幾步路會有咕咕聲呢？（四步）。
─老師敲十次鼓聲，接著敲一次"咕咕"，並請小朋友
　　一起數數看，共走了幾步路會有咕咕聲呢？（十步）。
─老師可重覆敲奏四聲鼓聲與十次鼓聲（參考譜例 ①）
　　請小朋友做出"散步與聆聽"的動作。

 為了要配合下一項的音樂欣賞，老師可交替多練習幾
　　次。

譜例 ① ：

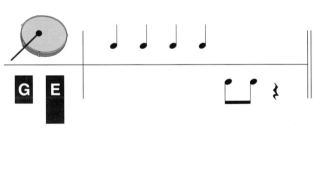

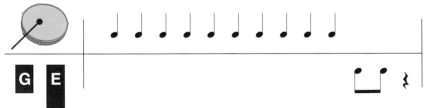

音樂：聖桑－動物狂歡節 "咕咕鳥"。

樂曲分析：一段曲式，由鋼琴與豎笛交替輪奏。鋼琴彈
　　　　　奏出緩慢節奏代表腳步聲，豎笛時而吹出
　　　　　 "咕咕" 聲。

－由於音樂太長，老師可以只播放音樂的前段（參考附
　譜），當小朋友聽到緩慢的音樂時，要配合拍子走路；
　當聽到咕咕鳥的聲音時，就要如上所述做出聆聽的模
　樣。

附譜：咕咕鳥

曲：聖桑

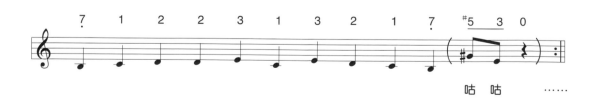

3. 咕咕鐘

—老師先向小朋友說明"咕咕鐘"的由來：在德國的黑
森林裏，有一種鳥的叫聲非常好聽，所以人們將他的
"咕咕聲"拿來當成時鐘報時的音樂。如果老師有咕
咕鐘，可以在此時拿出來讓小朋友聽一聽；如果沒有
咕咕鐘，老師可用自製的咕咕鐘代替（參考圖示 ①）。
老師可以敲奏木琴或音磚的G、E音代表"咕咕"聲，
讓小朋友猜猜看現在幾點鐘？

—老師先唱一次"森林裏的咕咕鳥"（參考譜例 ②），
唱完後問小朋友，一共聽到幾聲"咕咕"？然後請小
朋友幫忙唱"咕咕"的部分。

—老師引導小朋友用身體做咕咕鐘的造型，例如坐在地
上，想像雙手抱個大圓球，當老師唱到"咕咕"時，
小朋友就把頭抬起來。也可以兩人一組，一人將雙手
環繞成圓形，讓另一個小朋友可以從此洞將頭伸出來；
或者一人站著將雙腳打開，另一個小朋友坐或站在他
的身後將單腳從此洞伸出來（參考圖示 ②）…等等。
小朋友可儘量發揮想像力，自由地創作出不同的咕咕
鐘造型。

譜例 ② ：森林裏的咕咕鳥

譯詞：劉斐如
曲　：德國民謠

咕咕鳥

咕 咕 鳥 在 森 林 裡咕 咕 地從 遠 方 呼 喚 我咕 咕 到處

都 有 咕咕 鳥咕咕 咕咕鳥 聲 真 好 聽咕 咕 咕 咕咕 咕

（咕咕聲可由老師自行決定）

圖示 ① ：自製咕咕鐘

圖示 ② ：

★4. 美妙的咕咕聲

　—老師先將兩張咕咕鳥的圖片依 G、E 音（即so、mi）
　　的高低位置擺在地上，並一邊用手指出圖片一邊範唱
　　出 "咕咕" 的音高。

　—老師可用數張咕咕鳥的圖片排列出G、E音的旋律
　　（ 參考圖示 ③ ），並請小朋友一邊唱一邊用手在空
　　中、地上或手臂上比畫出G、E音的高低位置。

　　　　圖示 ③ ：

　　　　表示：　　　G　　　　G　　　E　　　G

5. 咕咕鳥在唱歌

　—老師先將不需要的木琴鍵取下，只留下 G、E 音兩鍵
　　即可。然後擺數台木琴（或音磚 G、E音）於圈內呈
　　方形狀。

　—小朋友在木琴（或音磚）後面繞圈唱歌，唱完歌曲後，
　　誰正好站在木琴後面，就可以敲打木琴（或音磚）。
　　其他人再次繞圈唱歌，唱到 "咕咕" 時，就由敲木琴
　　（或音磚）的小朋友負責敲奏 "G、E音"。 以此類
　　推，老師要讓每位小朋友都有機會敲到木琴。

　　♪如果沒有木琴則用響棒或高低刮胡取代，敲出 "咕咕"
　　　的節奏並唱出 "咕咕" 的聲音。

袋鼠母子

教學目標

- 透過袋鼠媽媽懷孕與生產的情境想像，讓小朋友了解當媽媽的辛勞。
- 讓小朋友藉由在伸縮袋中當胎兒以及想像身體逐漸長大，體驗身體由緊縮到慢慢伸展的張力。
- 經由跳躍律動，增進小朋友大動作的肌肉協調能力。
- 透過回聲模仿的節奏遊戲，培養小朋友的聽覺肢體反應能力。
- 讓小朋友從音樂欣賞律動中，嘗試將所聽到的樂聲畫出來，由此導入跳音與圓滑音的概念。

教學提示

　　本單元是以袋鼠媽媽懷孕及生產的情境做引導，讓小朋友經由不同的角色扮演，能了解媽媽懷孕及生產的過程與辛苦，因此老師要對媽媽懷孕的細節與過程加以詳細描述，好讓小朋友更有"感覺"。然後透過音樂欣賞"袋鼠"，讓小朋友從肢體、圖畫、樂器敲奏....等不同活動，感受袋鼠急速跳躍與放鬆的感覺。在教學活動的聽音畫圖中，老師可稍作示範，例如用"點"表示跳躍，用"長線"表示放鬆休息。但是請老師儘量鼓勵小朋友用自己想像的符號把聽到的樂音畫出來。

教學資源

　　袋鼠母子偶、伸縮袋數個、康加鼓、手鼓、三角鐵、圖畫紙、蠟筆、CD：不同類型音樂數首(快、慢、緊張、放鬆)，聖桑─動物狂歡節。

主題發展

1. 袋鼠媽媽懷孕了
2. 袋鼠媽媽生寶寶
★ 3. 小袋鼠學跳躍

4. 跳躍的足跡
5. 跳躍的音符

1. 袋鼠媽媽懷孕了

—老師拿出袋鼠偶邊演邊說故事：「袋鼠媽媽懷孕了，當她餓肚子時吃漢堡、喝果汁或吃冰棒…等，寶寶也都吃得到，有時吃太飽，寶寶也會打嗝呢！寶寶愈長愈大，媽媽的肚子也愈來愈大，唉呀！袋鼠媽媽的肚子開始痛了，趕緊到醫院去…。小朋友陪袋鼠媽媽一起用力吧！大家一起喊1、2、3嗯...，1、2、3嗯...，哇！哇！哇！袋鼠寶寶生出來了！」

2. 袋鼠媽媽生寶寶

—老師將小朋友分成袋鼠媽媽、袋鼠爸爸、袋鼠寶寶三組。

—老師準備數個伸縮袋（可用布取代）當成子宮，"袋鼠寶寶"躲進袋中當胎兒（可以同時裝進兩個或三個小朋友，當成雙胞胎或三胞胎）。

—老師播放不同類型的音樂，袋鼠寶寶和媽媽一起欣賞音樂，當他們聽到快速或緊張的音樂時就快速地擺動身體；聽到緩慢或輕柔的音樂時，則緩慢地轉動身體。扮演爸爸的小朋友可以在旁輕拍或親親媽媽的"肚子"。

—老師用口述的方式描述媽媽肚子餓想吃東西，這時袋
　中的小朋友要慢慢把肢體伸展開來，表示袋鼠寶寶愈
　來愈大。

—袋鼠媽媽終於要生了，大家一起加油用力數1、2、3
　嗯...，哇!哇!哇!袋鼠寶寶終於生出來了。

♪ 此項活動可以重覆多次，讓小朋友可以交換角色扮演。

★3. 袋鼠寶寶學跳躍

—小朋友先當小袋鼠學跳躍，聽到老師拍打康加鼓中間
　鼓面的聲音時就往前跳，聽到老師用鼓槌敲鼓邊的聲
　音時則往後跳，聽到三角鐵時則停止。

—老師將小朋友分成袋鼠媽媽和小袋鼠兩組。扮演袋鼠
　媽媽的小朋友手牽手圍圈當成袋鼠媽媽的袋子；扮演
　小袋鼠的小朋友則站在圈中。當聽到老師用手拍打鼓
　面的聲音時，"袋鼠媽媽"要帶著"小袋鼠們"一起
　跳躍；聽到手指彈鼓面的聲音時，袋鼠媽媽要將"袋
　子"放低，讓"小袋鼠們"跳出來玩。

—老師發給兩人一組一個呼拉圈(表示袋鼠媽媽的袋子)，
　兩人一前一後站在呼拉圈內，玩法同上。

—老師可以在康加鼓上敲打 ♪♪ ♩ 的節奏，小朋友
　就要隨著節奏做出兩次小跳和一次大跳(圖示)。老師
　也可以改變節奏，讓小朋友隨著鼓聲做出大跳或小跳
　的動作。例如 ♩ ♪♪ 、♩ ♩ ♪♪ ♩ 。

圖示：

4. 跳躍的足跡

 音樂欣賞：聖桑—動物狂歡節 "袋鼠"。

樂曲分析：AB二段式，重覆三次。A段是上下行的跳音，
　　　　　B段是緩慢的長音。

—老師一邊播放音樂一邊描述小袋鼠和媽媽去爬山，後
　來小袋鼠累了就打起哈欠伸懶腰。

—在A段的部分，小朋友嘗試用雙手隨著音樂的高低起
　伏在空氣中比畫；在B段的部分，小朋友則做出伸懶
　腰的模樣。

—發給小朋友一人一張圖畫紙及蠟筆，將所聽到的樂音
　畫出來，例如聽到A段音樂時，可以畫點表示跳躍，
　聽到B段音樂時可以畫長線條表示休息。最後，老師
　可以問小朋友袋鼠共跳了幾次?共休息了幾次?

5. 跳躍的音符

— 老師拿出手鼓和三角鐵，請小朋友選擇哪一種樂器適
合做跳音的伴奏，哪一種樂器適合做長音的伴奏。

— 將小朋友分成手鼓、三角鐵兩組。老師再次播放 "袋
鼠" 的音樂，聽到 A 段時由手鼓組的小朋友敲奏跳音；
聽到 B 段時則由三角鐵組的小朋友做長音敲奏。

愛跳舞的熊

教學目標

🎵 讓小朋友透過聽辨熊爸爸、熊媽媽、熊貝比走路的聲音，感受不同的節奏型態並用肢體表現出來。

🎵 透過熊爸爸、熊媽媽、熊貝比的不同圖示，並配合不同的音效，讓小朋友體會不同聲音的長短。

🎵 藉由視覺反應的遊戲，讓小朋友感受三拍子的特性，並能用肢體及樂器表現出來。

🎵 利用三拍子的即興律動，培養小朋友的即興創作力，並加強對三拍子的感受。

🎵 透過樂器合奏，培養小朋友與他人分工合作的能力。

教學提示

　　本單元是根據童話故事"三隻小熊"所設計的課程。依照熊爸爸、熊媽媽、熊貝比走路的特色，發展出慢、中、快三種不同的節奏。所以老師必須要將 ♩、♪、♫ 三種節奏清楚地敲奏出來，讓小朋友能夠模仿並辨別。在歌唱的部份，由於課程中所教唱的是三拍子的歌曲，所以不論小朋友在唱歌、做身體樂器的伴奏，或是在樂器合奏時，老師都要把三拍子"強弱弱"的性質表現出來，並讓小朋友可以配合歌曲一邊唱一邊拍出來。另外，這首歌曲的起音是在"弱拍"，所以第一個重音應該落在歌詞的第二個字，而不是第一個字（請參考譜例）。

教學資源

"三隻小熊"故事書、大小腳印與高跟鞋圖卡數張、一個大碗、兩個小碗、康加鼓、木魚、沙鈴、手鼓、響棒。

主 題 發 展

1.三隻小熊
2.熊熊模仿秀
3.誰的腳印？

★4.我們來數數
5.愛跳舞的熊

1. 三隻小熊

—故事引導：請參考 "三隻小熊" （上誼出版社）。

森林裏住著一個熊熊家族—熊爸爸、熊媽媽和熊貝比。有一天早上熊媽媽煮了燕麥粥，可是太燙了，於是他們決定全家外出散步，等到粥涼了再回來吃。這時候來了一個小女孩，把熊貝比的粥吃光、把熊貝比的搖椅坐壞、後來還躺在熊貝比的床上睡著了。等到熊熊們回來，發現床上躺著一個人，他們露出很生氣的表情，小女孩一看到三隻熊，就嚇得逃跑了。

2. 熊熊模仿秀

—老師請幾位小朋友出來模仿熊爸爸、熊媽媽、熊貝比走路的樣子。

—老師敲康加鼓代表熊爸爸緩慢的腳步聲（ ♩ ♩ ）、敲木魚代表熊媽媽穿高跟鞋的聲音（ ♩ ♩ ♩ ♩ ）、搖沙鈴代表熊貝比跑步的聲音（ ♫ ♫ ♫ ♫ ）。 小朋友要隨著老師所敲奏的樂器聲及節奏，做出熊爸爸、熊媽媽或熊貝比走路的樣子。

🎵 老師可以時而敲奏樂器時而暫停，讓小朋友的腳步可以隨著樂器聲行進或停止。

3. 誰的腳印？

  ─老師事先準備熊爸爸、熊媽媽、熊貝比的大小腳印與
   高跟鞋圖卡（參考圖示），分成三區擺在地上。

  圖示：

  ─老師敲康加鼓時，小朋友學熊爸爸緩慢的腳步走到放
   "大腳印"的地方；敲木魚時則墊起腳尖模仿媽媽穿
   高跟鞋的樣子，走到放"高跟鞋"的地方；搖沙鈴時
   則學熊貝比跑步到放"小腳印"的地方。
  ─老師可問小朋友熊爸爸、熊媽媽、熊貝比走路的聲音
   聽起來像什麼？例如：熊爸爸的走路聲"碰～碰～"
   （♩ ♩）、熊媽媽的高跟鞋"叩叩叩叩"（♩♩♩♩）、
   熊貝比的跑步聲"咚咚咚咚咚咚咚咚"（♫ ♫ ♫
   ♫ ）。

—將大小腳印與高跟鞋圖卡排列組合，讓小朋友唸出不同的走路聲音。
例如：

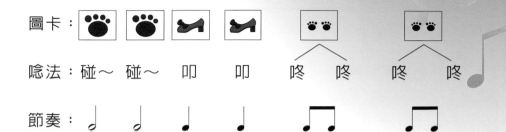

★4. 我們來數數

—熊貝比想幫媽媽做家事，媽媽就先教他數數兒。媽媽問他吃飯時桌上要放幾個碗、幾個湯匙.....？（三個）。

—老師準備一個大碗、兩個小碗（因為熊媽媽愛美想減肥，所以把中碗換成小碗），請小朋友看到大碗就用力拍手；看到小碗則輕拍手兩下。

—全體小朋友以穩定的速度一起數1、2、3，當數到"1"時要拍腿一下，數到"2、3"時要拍手。

—老師先示範三拍子的即興動作，當數到"1"時要拍腿一下，數到"2、3"時，則做出不一樣的動作，例如摸鼻子兩下，拉耳朵兩下…等，讓小朋友模仿跟著做。

—請小朋友一個個輪流即興做出三拍子的動作，數到"1"時要拍腿一下，數到"2、3"時，則做出自創的動作，然後請其他小朋友跟著做。

—等全體小朋友輪流過一次之後，再從第一個小朋友開始，儘量不間斷地每人再做一次自己的動作。

🎵 此活動也可以兩人一組，共同即興創作出三拍子的動作。

5. **愛跳舞的熊**

—老師教唱"愛跳舞的熊"（參考譜例）。A 段的部份唱中慢板，B段的部份唱快板。

—小朋友將歌曲唱熟之後，可以一邊唱歌，一邊加入身體樂器的伴奏（如前項所述）。

—全班分成唱歌、手鼓、響棒三組。由手鼓組負責敲第"1"拍，響棒組負責敲第"2、3"拍。

譜例：愛跳舞的熊

詞：施孟琪
曲：Rudolf Nykrin

A段：中慢板

我　　是　一　隻　　熊爸爸　　　熊爸爸　　熊爸爸我
我　　是　一　隻　　熊媽媽　　　熊媽媽　　熊媽媽我

是　一　隻　熊爸爸　我　很　強　壯
是　一　隻　熊媽媽　我　很　漂　亮

B段：快板

我　是　隻　熊貝～比　熊貝～比　啦　啦啦啦

我　是　隻　熊貝～比　啦　啦　啦　啦

愛跳舞的熊

兔子想搬家

教學目標

♪ 藉由配合鼓聲跳呼拉圈的遊戲，訓練小朋友的聽覺反應力。

♪ 透過唸謠增進節奏感。

♪ 讓小朋友從音樂律動中體認二段曲式的音樂風格。

♪ 從分組的合奏中，提高小朋友的參與感及與他人合作協調的能力。

教學提示

　　本單元著重在節奏感的訓練，例如利用小白兔跳躍的特性配合跳呼拉圈，還有說白節奏配合遊戲都是有關節奏能力的訓練。另外，在進行第四項"小白兔學跳舞"活動時，老師可以讓小朋友根據小白兔的外型特徵和動作編舞，以提供小朋友自由表現的空間。

教學資源

"風信子山的兔子"故事書、呼拉圈、康加鼓、三角鐵、手鼓、響棒、沙鈴、CD：兒童舞蹈嘉年華。

主題發展

1. 風信子山的兔子
2. 兔子想搬家
3. 我要抓你
4. 小白兔學跳舞
5. 兔子樂團

1. 風信子山的兔子

—故事引導：請參考"風信子山的兔子"（上人文化事業股份有限公司）。

在風信子山頂上，有一棵老橡樹下的洞穴裏，住著一隻兔子。兔子在洞裏住膩了，又常被橡子砸到頭，所以想找個新家。她去參觀好朋友的家，不是嫌他們的房子太高、太吵、太溼，就是太靜、太熱，最後她經過狐狸的家，差一點被狐狸吃掉，她趕快跑回家，發覺還是自己的家最好。

2. 兔子想搬家

—老師發給小朋友一人一個呼拉圈，讓小朋友找一個地方將呼拉圈放在地上當作自己的家。

—老師先用固定的拍子敲鼓，小朋友依鼓聲做跳躍的動作，若聽到三角鐵的聲音時，就趕快回自己的家。

—老師可依照故事的情節，讓小朋友"搬家"。玩法同上，但聽到三角鐵的聲音時，就要回另一個新的家（跑到另外一個呼拉圈）。

—老師可以改變敲鼓的速度或力度，小朋友要依鼓聲變化做適當的肢體反應。

3. 我要捉你

—老師將所有的呼拉圈排成圈，小朋友坐在呼拉圈裡，老師教唸說白節奏。

說白節奏：　　　　　　　　　　　　　　　　唸謠：劉斐如、施孟琪

$\frac{2}{4}$ 小白兔，長耳朵，紅眼睛，圓尾巴，

蹦蹦跳跳想搬家，看到狐狸趕快逃。

—小朋友伸出右手食指，左手心朝上，然後配合說白節奏，一邊唸一邊用右手食指輕輕點在右邊小朋友的左手心上。當唸到最後一個"逃"字時，小朋友要快速將右手食指縮回，並快速將左手合攏。也可以左右手互換。

—小朋友依逆時針的方向站在自己的呼拉圈內，由老師負責唸說白節奏（譜例如上）小朋友做動作。另外，老師找一位小朋友站在圓圈中央當狐狸。當老師唸到"想搬家"的"家"時，小朋友就要往前跳一個呼拉圈；唸到"趕快逃"的"逃"時，"狐狸"就要抓"小兔子"，小朋友要迅速跑出呼拉圈，被抓到的小朋友就要當狐狸。

 當老師唸到"想搬家"的"搬"以及"趕快逃"的"快"時，可以唸長一點，一方面可以增加緊張的氣氛，另一方面可以讓小朋友有充裕的時間跳和跑。

4．小白兔學跳舞

音樂：兒童舞蹈嘉年華─波浪舞（上聿文化事業有限公司）。

樂曲分析：ＡＢ二段式，共反覆七次（參考附譜）。

─老師可以請小朋友示範表演出"小兔子"的特徵和特性，然後再加以補充整理，或者參考以下的舞步一。

舞步一：

隊 形：全體圍成單圈面向圓心，小朋友事先找好舞伴。

Ａ段1：小朋友將兩手放在頭上，當成小白兔的長耳朵。

Ａ段2：小朋友將左右手的拇指和食指圍成圈，當成小白兔的兩個眼睛。

Ａ段3：小朋友將左右手在背後互握成空心圓狀，當成小白兔的圓尾巴。

Ａ段4：小朋友做出挖土找紅蘿蔔的樣子。

Ａ段5：小朋友把手放在嘴邊做出吃紅蘿蔔狀。

Ａ段6：小朋友和自己的舞伴配合節奏互拍雙手。

Ａ段7：全體小朋友手牽手配合節奏往右、往左、往後、往前做跳躍的動作。

Ｂ 段：全體小朋友手牽手配合節奏先往後四拍、再往前四拍做跑步的動作並重覆兩次。

舞步二：Ａ段可讓小朋友即興做不同的動作，例如：洗臉、刷牙、洗澡…等等。Ｂ段跳法同上。

由於Ａ段音樂的節奏分明，所以小朋友要儘量配合 ♩ ♩ ♩ 𝄽 的節奏做動作；Ｂ段音樂的走向是由下行音階開始，然後轉向高音進行，所以配上先往後再往前的跑步動作。

附譜：波浪舞

音樂：葡萄牙
編曲：黑爾曼・鄔拉伯

合奏譜：

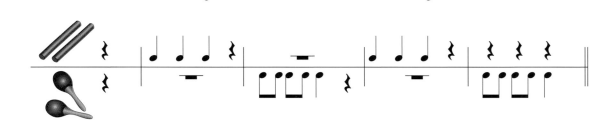

5. **兔子樂團**

—全體圍坐，將小朋友分成手鼓、響棒、沙鈴三組，配合 "波浪舞"（請參考教學活動4）的音樂輪流敲奏自己的部分（參考附譜）。

A 段：由拿手鼓的小朋友敲奏 ♩ ♩ ♩ 𝄾 的節奏。

B 段：由拿響棒的小朋友敲奏 ♩ ♩ ♩ 𝄾 的節奏。

沙鈴的小朋友敲奏 ♫ ♫ ♩ 𝄾（參考合奏譜）。

補充教材

自製兔子頭套

材料：彩色塑條或西卡紙、雙面膠、剪刀。

作法：―老師事先將西卡紙裁成長條狀發給小朋友一人
　　　　一條。

　　　　―老師發給每人一張畫上兩個兔子耳朵的彩色塑
　　　　條或西卡紙，請小朋友自行剪下用雙面膠黏貼
　　　　在長條的西卡紙上即可。

　　　　―請小朋友畫上漂亮的圖案在西卡紙上當做裝飾。

（兔子頭套）

獅子與小鳥

教學目標

♪ 結合樂器的音色與布的色彩，導入音色明暗的概念。

♪ 從兩首完全不同的樂曲風格中，讓小朋友學習如何聽辨音樂，並即興做出配合音樂的律動。

♪ 配合唸謠的節奏，讓小朋友做手指的律動，並學習與他人一起合作協調的能力。

♪ 選擇與故事中的主角音色相近的樂器，並配合說白節奏做樂器的輪奏。

教學提示

　　本單元是以兩個無論在體型、叫聲、及性格上都完全相異的動物—"獅子"與"小鳥"為主。課程的一開始是藉由"獅子"與"小鳥"不同的叫聲帶入深淺不同的視覺反應律動，也是本單元的主要目標。在此項活動裏，老師如果能夠用鋼琴在高音域和低音域上即興彈奏不同的旋律，效果會更好。對於大班的小朋友，甚至可以做美勞的延伸活動（參考補充教材）。

教學資源

淺色和深色的長方形布數條、三角鐵、手鼓（或康加鼓）、木琴（或木笛）獅子、小鳥偶、CD：聖桑—動物狂歡節、獅子頭套與鳥嘴套。

主題發展

1. 天空和草地
2. 小鳥報恩
3. 獅子與小鳥
4. 兩個好朋友
5. 你唱我和

1. 天空和草地

—老師先在木琴（或木笛）的高音上即興快速敲奏（吹奏），然後在手鼓上（或康加鼓）即興敲奏，然後問小朋友哪一個聲音聽起來像小鳥叫？哪一個聲音聽起來像獅子叫？

—老師拿出不同深淺顏色的布，然後問小朋友哪一種顏色像是小鳥叫的感覺？哪一種顏色像是獅子的吼聲？

—老師選出兩種深淺對比的長方形布條數條分散放在地上，分成若干區。

—當老師敲奏木琴（或木笛）時，小朋友就要一邊做出飛翔的動作並模仿鳥叫聲，一邊走到淺色的長方形布條區；當老師敲奏手鼓（或康加鼓）時，小朋友就要將身體蹲低並模仿獅子吼叫，然後走到深色的長方形布條區。

2. 小鳥報恩

—小朋友圍坐在布上，想像自己是坐在綠色的草地上。老師接著說故事。

—故事引導：

有一隻剛學會飛的小鳥，不小心掉落在樹下正睡著香甜的獅子頭上。 "哎呀!好痛!" 氣呼呼的獅子正要抓起小鳥準備吃掉他時,小鳥苦苦地哀求獅子: "請你饒了我,我將來一定會好好報答你的" 。於是獅子就放了小鳥。有一天,小鳥聽到獅子在哀嚎,原來是獅子的身上有許多小蟲子,所以才會癢得哇哇叫!於是小鳥把獅子身上的小蟲子通通吃掉,總算讓獅子舒服多了,從此以後他們就變成好朋友了。

3. 獅子與小鳥

　 音樂:聖桑—動物狂歡節 "獅王進行曲、小鳥" 。

—老師事先將 "獅王進行曲" 和 "小鳥" 兩首音樂各取一小段落,穿插並重覆多次錄製在錄音帶上。

—老師將小朋友分成獅子、小鳥兩組,發獅子頭套與鳥嘴套給小朋友(請參考補充教材1、2)。老師播放音樂,當聽到 "獅王進行曲" 時,扮演獅子的小朋友就要出來即興表演獅子的動作;聽到 "小鳥" 的音樂時,扮演小鳥的小朋友就要出來即興表演小鳥的動作。

—老師依照布的數量將小朋友分成獅子、小鳥若干組,小朋友圍坐在布的四周,老師播放音樂,聽到 "獅王進行曲" 時,扮演獅子的小朋友就要站起來拿起布按照音樂的節奏行進;聽到 "小鳥" 時,扮演小鳥的小朋友就要站起來 "高舉" 並抖動布條,按照音樂的節奏做出飛翔的動作。

4. 兩個好朋友

一全體圍坐，老師教唸說白節奏，可以一邊唸一邊加上
手指律動（參考玩法）。

玩法：

$\frac{4}{4}$ | | ⊓ |

小鳥啾啾啾 ………… （右手姆指和食指配合節奏輕輕
　　　　　　　　　　　　互碰，其他三指合攏握拳）

| | ⊓ |

獅子吼吼吼 ………… （左手五指張開配合節奏做合攏
　　　　　　　　　　　張開交替動作）

⊓ ⊓ ⊓ |

獅子身上蟲子多 …… （左手五指張開做出上下快速搖
　　　　　　　　　　　動）

⊓ ⊓ ⊓ |

小鳥幫忙抓抓抓 …… （右手如上，配合節奏輕敲左手
　　　　　　　　　　　背）

⊓ ⊓ ⊓ |

兩個變成好朋友 …… （兩手握拳做滾輪狀，唸到 "好
　　　　　　　　　　　朋友" 時，則雙手互拍三下）

 此活動也可以兩人一組，一人扮演獅子、另一人扮演
小鳥，唸到 "好朋友" 時，則兩人雙手互拍三下；然
後互換角色再玩一次。

5．你唱我和

—老師教唱"獅子與小鳥"，可一邊唱一邊做手指律動
（參考譜例和玩法）。

譜例：獅子與小鳥

詞曲：劉斐如、施孟琪

小　鳥　　啾啾啾　獅　子　　吼吼吼　獅子身上

蟲子多　　小鳥幫忙　抓抓抓　兩個變成　好朋友

—將小朋友分成獅子、小鳥兩組，獅子組的小朋友拿手
　鼓，小鳥組的小朋友拿三角鐵。配合歌曲的內容，輪
　到哪一組，那一組的小朋友就要一邊唱一邊按照說白
　的節奏敲奏手中的樂器。
—小朋友繼續敲奏與歌唱，老師則按照"♩♪♩ ♩"的
　節奏在木琴上同時敲奏兩個C鍵為歌曲伴奏。
　然後選幾位小朋友負責敲奏木琴（圖示①）。

圖示①：

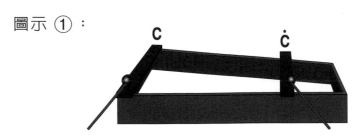

補充教材

1. 獅子頭套

材料：西卡紙、色紙、剪刀、透明膠帶或膠水、訂書機。

作法：─老師先將西卡紙裁成長條狀，並依小朋友臉型的大小將它訂成一個圈（可圈住小朋友的臉）。

─老師將各種顏色的色紙裁成寬2~3公分的長條狀並發給小朋友每種顏色若干張。

─小朋友將色紙條黏貼在西卡紙圈上，當成獅子的鬃毛，可自己創作（參考圖示 ②）。

─小朋友將獅子臉套圈在臉上，然後老師在小朋友的鼻子上貼上黑或深色的圓形貼紙即可。

圖示 ② :

2. 鳥嘴套

材料：西卡紙、細鬆緊帶、釘書機、透明膠帶、彩色筆。

作法：─老師先將西卡紙裁成長20公分，寬15公分的長方形，發給每人一張。

一小朋友將西卡紙塗上喜歡的顏色，然後將西
　卡紙捲成甜筒狀，用透明膠帶貼住，並將開
　口的部分剪齊成圓椎狀。

一在開口的兩端釘上一條細鬆緊帶。最後將開
　口處套住嘴巴固定好，再把鬆緊帶套在頭上
　即可（參考圖示 ③ ）。

圖示 ③ ：

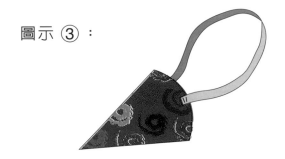

布萊梅的音樂家

教學目標

- ♪ 配合音樂的上行與漸強，感受身體從緊縮到伸展的張力。
- ♪ 利用動物叫聲的特性，培養小朋友對聲音長短的敏感度。
- ♪ 訓練小朋友對樂器音色的靈敏度。
- ♪ 透過樂器圖片或音樂欣賞介紹小朋友認識故事中的樂器。

教學提示

　　本單元是以童話故事"布萊梅的音樂家"做為開始，利用故事中的動物角色導入不同的聲音長短，並藉由劇情的內容配合音樂讓小朋友做出肢體伸展的律動。由於所選用的音樂強調漸強並且極具張力，所以老師可著重此一要素，儘量鼓勵小朋友發揮想像力來感受肢體由緊縮到伸展的張力變化。

教學資源

CD：動物Party、驢子、狗、貓、公雞的拼圖圖片、十二宮格、四種動物圖片各三張、高低刮胡（或其他木製樂器）、手鼓、三角鐵、手搖鈴。

主 題 發 展

1.布萊梅的音樂家
2.嚇走敵人！
3.這是誰的耳朵？
4.聲音配對
5.森林的音樂會

1. 布萊梅的音樂家

─故事引導：

有一隻老驢因為年紀大沒辦法工作，所以被主人遺棄，因為老驢很會彈吉他，所以牠決定到布萊梅當街頭音樂家。老驢沿途遇見了同病相憐的老狗、老貓、與老公雞，於是他們四個好朋友就相約組成樂團，由老驢負責彈吉他、老狗敲小鼓、老貓拉提琴、老公雞吹喇叭。在路上，他們經過了一座森林，發現有一間住著強盜的屋子，於是他們就用疊羅漢的方式，驢在最下面，然後狗、貓、公雞依序疊上去。他們把窗戶弄破闖進房子，強盜們以為他們是鬼怪就被嚇跑了。從此以後，他們就住進屋子裏，過著快樂的日子。

2. 嚇走敵人！

 音樂：動物Party-Tiger(上聿文化事業有限公司)。

樂曲分析：音樂以上行並漸強的方式進行，共重覆八次。

─小朋友先將身體放低，想像四隻動物先後往上疊高的模樣，並配合音樂的上行和漸強扭擺身體逐漸站起，在最後一個強音時，把身體伸展到極限，往上跳躍並做出嚇人的聲音和樣子。

—前四次的音樂，小朋友可以自己跳；後四次的音樂，小朋友可以兩人或四人一組圍圈一起跳，動作如上所述。

3. **這是誰的耳朵？**

—老師準備驢子、狗、貓、公雞的圖片，事先將每種動物的耳朵裁開，臉及身體各部份則視小朋友的年齡裁成若干份。

—老師將四種動物的耳朵和其身體其他部份分開，讓小朋友玩拼圖的遊戲。

 大班小朋友可以分組比賽玩拼圖遊戲。

4. **聲音配對**

—老師準備驢子、狗、貓、公雞的圖片各三張。

—老師請小朋友模仿驢子、狗、貓、公雞四種動物的聲音（參考譜例）。

譜例：

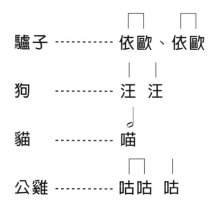

—老師在白板上畫出十二宮格(參考圖示 ①),並將四種動物圖卡穿插排列在格子上。

—老師指出哪一格,小朋友就要學格子上動物的叫聲。

 在做十二宮格時,老師必須要保持穩定的拍子指出格子,讓小朋友可以隨著老師的指示將動物的聲音叫出來。

圖示 ① :

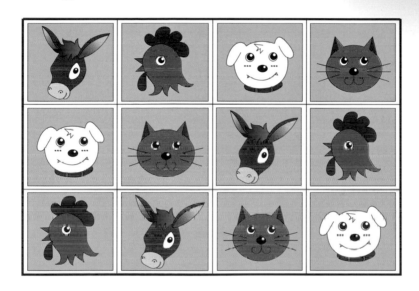

—老師拿出高低刮胡(或其他木製樂器)、手鼓、三角鐵、手搖鈴(或鈴鼓),讓小朋友選擇哪種樂器適合這四種動物的聲音。

建議:**驢子**·········**高低刮胡(或木製樂器)**

　　　狗　·········**手鼓**

　　　貓　·········**三角鐵**

　　　公雞·········**手搖鈴(或鈴鼓)**

—老師將動物圖卡發給小朋友，當老師敲奏某種樂器時，小朋友就要將所代表的動物圖卡放置在自己選擇的格子裏。當十二格都填滿圖卡後，老師請小朋友按照格子的順序拍打出動物的叫聲。

5. 森林的音樂會

—老師可利用圖片或音樂介紹故事中的樂器。

—老師教唱 "森林的音樂家"（參考譜例）。

—將小朋友分成四組輪流邊唱邊做模仿演奏樂器（參考補充教材）的樣子，最後一段全體齊唱。

譜例：森林的音樂家

詞：劉斐如、施孟琪
曲：外國童謠

我　　是一隻老驢～子我　最愛彈吉他　我　是一隻老驢～子我
我　　是一隻老黃～狗我　最愛打小鼓　我　是一隻老黃～狗我
我　　是一隻老花～貓我　最愛拉提琴　我　是一隻老花～貓我
我　　是一隻老公～雞我　最愛吹喇叭　我　是一隻老公～雞我

最愛彈吉他 噹噹　噹噹噹噹噹 噹噹噹噹 噹噹 噹噹噹噹 噹噹噹我 最 愛 彈 吉他
最愛打小鼓 咚咚　咚咚咚咚咚 咚咚咚咚 咚咚 咚咚咚咚 咚咚咚我 最 愛 打 小鼓
最愛拉提琴 滴滴　滴滴滴滴滴 滴滴滴滴 滴滴 滴滴滴滴 滴滴滴我 最 愛 拉 提琴
最愛吹喇叭 叭叭　叭叭叭叭叭 叭叭叭叭 叭叭 叭叭叭叭 叭叭叭我 最 愛 吹 喇叭

補充教材

★1.**自製吉他**（大班適用）

　　材料：抽取式面紙盒、色紙、彩色膠帶、剪刀、用完
　　　　　的彩色筆兩枝、橡皮筋三條。

　　作法（1）：先用色紙將面紙盒裝飾好，再將彩色筆用
　　　　　　　彩色膠帶纏繞完成之後，當作琴橋，用雙
　　　　　　　面膠黏貼在面紙盒中央洞口的兩旁，最後
　　　　　　　將三條橡皮筋當作琴弦圈繞整個面紙盒固
　　　　　　　定好即可（參考圖示②）。

　　作法（2）：老師事先將寬八公分，長六公分的西卡紙
　　　　　　　摺成三角椎狀當作琴橋，發給小朋友每人
　　　　　　　兩個。其他作法如上。

圖示②：

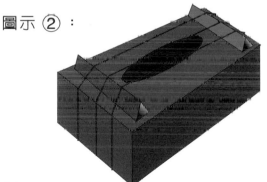

2.**自製鼓、鼓槌**

　（1）鼓

　　　材料：每人含蓋的大小罐子數個、寬面彩色膠布
　　　　　　數條、色紙、剪刀。

　　　作法：用色紙將罐子裝飾好，然後把數個大小罐
　　　　　　子用雙面泡棉固定好，最後再用寬面膠布

把全部的罐子纏在一起即可。也可以只用
一個罐子單獨做一個鼓（參考圖示 ③）。

圖示 ③：

（2）鼓槌

材料：每人報紙半張、透明膠帶、竹筷一雙、橡
皮筋兩條～三條。

作法：把半張報紙撕成兩半，分別緊緊地纏繞在
兩枝筷子的前端，用透明膠帶黏緊，再用
色紙包在外層，最後用橡皮筋固定好。兩
支鼓槌即成。

參 考 書 目

三采文化編企部（民87），童玩大師DIY，台北：三采文化出版。

林朱彥（民86），上個不一樣的音樂課，台北：師大書苑。

林敏宜（民89），圖畫書的欣賞與應用，台北：心理出版社。

施福珍（民85）台灣囝仔歌曲集，員林：和和音樂工作室。

紀華冠（民86），唱歌遊戲的天地，新竹：紀華冠出版。

胡寶林（民83），戲劇與行為表現力，台北：遠流出版公司。

胡寶林（民83），立體造型與積極自我，台北：遠流出版公司。

胡寶林、周結文（民88），音樂韻律與身心平衡，台北：遠流出版公司。

孫德珍（民86），美的分享，台北：圈圈圈有限公司。

黃麗卿（民87），創意的音樂律動遊戲，台北：心理出版社。

莊惠君譯（民89），幼兒音樂學習原理，台北：心理出版社。

陳惠齡（民78），成長中的小豆芽，台北：奧福教學法研究推廣中心。

陳惠齡（民79），小豆芽的成長，台北：奧福教學法研究推廣中心。

許月貴等譯（民89），幼兒音樂與肢體活動，台北：心理出版社。

劉英淑等（民84），兒童的歌唱遊戲，台北：台灣省。

劉英淑等（民86），幼兒律動，台北：教育部。

謝苑玫譯（民83），節奏與律動，高雄：復文圖書出版社。

謝雅芬（民86），幼兒教學創意主題，台北：光佑文化事業有限公司。

Barbara Haselbach, Herman Regner, Rudolf Nykrin (1983),

Musik & Tanz für kinder, Schott.

Dorothee Kreusch- Jacob(1992), Das Musikbuch für kinder, Otto Maier.

故事書與音樂CD參考目錄

故事書參考書目

艾瑞·卡爾(民79),好餓的毛毛蟲,台北:上誼出版社。

艾瑞·卡爾(民81),好忙的蜘蛛,台北:上誼出版社。

李歐·李奧尼(民84),小黑魚,台北:上誼出版社。

拜倫·巴頓(民87),三隻小熊,台北:上誼出版社。

提姆·普瑞斯頓(民89),風信子山的兔子,台北:上人文化事業股份有限公司。

張玲玲(民81),老鼠娶新娘,遠流出版社。

音樂CD參考目錄

兒童舞蹈嘉年華:上聿文化事業有限公司。

動物Party:上聿文化事業有限公司。

與兄弟們共舞:上聿文化事業有限公司。

法國兒歌與圓舞曲(一):上揚有聲出版有限公司。

聖桑的動物狂歡節。

柴可夫斯基的胡桃鉗。

國家圖書館出版品預行編目（CIP）資料

主題音樂活動設計 / 劉斐如、施孟琪合著；詹小惠繪.
--初版.－ 臺北市 ： 心理, 2001（民 90）
面 ； 公分. --（幼兒教育系列；51054）
參考書目：面
ISBN 978-957-702-460-2（平裝）

1.音樂─教學法　　　　2.兒童遊戲

523.23　　　　　　　　　　　　90014932

幼兒教育系列 51054

主題音樂活動設計

作　　者：劉斐如、施孟琪
繪 圖 者：詹小惠
總 編 輯：林敬堯
發 行 人：洪有義
出 版 者：心理出版社股份有限公司
地　　址：231026 新北市新店區光明街 288 號 7 樓
電　　話：(02) 29150566
傳　　真：(02) 29152928
郵撥帳號：19293172　心理出版社股份有限公司
網　　址：https://www.psy.com.tw
電子信箱：psychoco@ms15.hinet.net
印 刷 者：博創印藝文化事業有限公司
初版一刷：2001 年 9 月
初版十刷：2024 年 1 月
I S B N：978-957-702-460-2
定　　價：新台幣 480 元